기일혜 수필집 43

세상에서 가장 애교가 많은 여자

기일혜 수필집

마흔세 번째 이야기

세상에서 가장 애교가 많은 여자

크리스챤서적

머리말

며칠 전 새벽에 어느 독자에게서 온 문자 편지다.

"새벽 2시 55분에 일어나서 『내가 졸고 있을 때』(기일혜 수필집 1)를 다시 한번 읽어 보았습니다. 「나의 지병」을 볼 때 저와 '동병상련' 점을 발견했습니다…."

나도 「나의 지병」을 찾아서 읽고, 내친김에 『가난을 만들고 있을 때』(기일혜 수필집 2)를 읽었다. 글 중에서 「이 세상에서 가장 애교가 많은 여자」가 내 대표작(수필) 같다는 생각까지 들어서, 친구에게 이 글에 대해 물으니, 그는 이 글이 좋아서 가끔 읽고, 얼마 전에도 읽었다면서, "이 글에 기일혜의 모든 게 다 들어 있어요" 한다. 나도 내 속성을 가장 잘 드러낸 작품이라 여겨져, 이 글 제목을 수필집(43집) 제목으로 하고, 안 읽은 분들을 위해 여기에 다시 싣는다.

2020년 10월 8일 기일혜

차례

2부_ 현대인들의 공갈 젖꼭지

1부

아버지의 가계부

남편 친구가 보낸 독후감

남편 친구 류 선생님이 내 글에 대한 독후감을 보냈다.

남편 핸드폰에 문자로. 남편 친구는 내게 어려운 분이라 긴장하면서 읽는다. "이번 42호는 제목부터 멋졌습니다… 무엇보다 형님(남편)에 대한 말씀이 많이 들어 있어 좋았으며 '참나무'라는 표현이 참 어울린다고 생각했고, 여성 독자들의 우상(?)이 되겠다는 생각을 했습니다. 어느 영화 연극에서나 주연보다 빛나는 조연이 있거든요. 즐거운 주일 되세요…."

오래전, 혜경 엄마가 내 이웃에 살 때(지금은 이사 가심), 우리 집에 오며 가며 내가 사는 것을 보고, 내 이야기도 듣고 나서 말했다. "선생님(남편)이 참나무라면 작가님은 그 참나무에 붙어 있는 매미 같아요." 혜경 엄마가 잘 보았다.

이제, 남편 친구 류 선생님까지 남편을 참나무로 인정하시니, 이제 나는 영락없는 매미 새끼 한 마리가 된다.

참나무에 붙어만 있으면 되니, 불만은 없고. 불만이 있다면, 이 참나무가 속이 너무 깊어서 그 속을 잘 모르겠다는 것.

순임 님은 천재야

책(42집)을 여러 사람에게 보냈는데, 제일 먼저 받았다고 전화한 사람은 정읍 순임(70대) 님.

전화 내용을 자세하게 말하면 이러하다.

"선생님 아까 책 받아서 머리말 읽고 그 어디더라? …이렇게 말이 잘 안 나온다니까?" "아아 1부, 2부 하는 데 거기?" "예, 1부까지 다 보고 지금 전화 드려요. 읽어 보니까, 선생님은 진짜 천재요. 어쩌면 그렇게 잘 쓰셔요?"

"책 받아서 벌써 1부까지 읽고 전화하는 순임 님이 천재야." "별 말씀을 다 하시네요. 아무것도 해 드린 게 없는데 좋게 봐 주셔서 감사해요." "아무것도 해 준 게 없다고요? 나를 이렇게 기쁘게 해 주는데, 나를 이렇게 기쁘게 해 준 게 천재라니까요. 그리고 내가 남의 집에 갔을 때, 가장 마음 편한 곳이 순임 님 집, 그것도 천재고.

나를 만나면 또 항상 재미있게 해 주는 것, 그거 정말 천재지요. 사람 재미있게, 아무나 못 해요. 순임 님이나 잘 하시지. 그래서 당신은 천재라니까요."

아버지의 가계부

오늘 아침 일찍 가만히 안방 문을 여니, 남편이 불을 켜고 책상으로 쓰는 화장대 위에서 무엇을 적고 있다. 뭘 적는 것인가… 내 아버지는 19세기 세계 문학 전집(일본어)을 다 읽을 정도로 관념적이지만 의외로 가계부를 꼼꼼히 쓰셨다.

그 명필(名筆)로 "양상댁한테 빚 5만 원"까지 다 적은 걸 보면 슬퍼진다. 그런 아버지가 내 결혼 앞두고 남편에게 부탁했다. "일혜한테는 가계부 쓰라고 마소. 그 애는 답답해서 못 쓰네." 나는 옛날에 남편이 해 주던 이 말을 생각하고 남편에게 말을 붙인다. "옛날에 아버지가 나한테 가계부 쓰게 하지 말라고 해서 당신이 지금 가계부 쓰고 있소? …아버지는 언젠가 내가 무슨 치마에 검은 공단 저고리 입고 있으니, '아까워서 누구한테 못 주겠다.' 철학자답지 않은 말씀해서 의아했는데… 그런데, 이제 보니, 아까운 사람은 내가 아니라 당신이네요. 나 때문에 가계부 쓰며 고생하는 당신 보면, 당신 아버지가 얼마나 속상하겠소. 내 아들 아깝다고."

가계부 쓰는지, 메모하는지 남편은 말 한마디가 없다.

마음의 시야가 넓은 사람

동생 집에 가기로 오빠와 약속한 날. 약속 시간이 오후 3시 반인데, 1시간 늦는다는 전화다. 1시간 늦게 만난 오빠 옆에는 무거운 종이 상자 비슷한 두꺼운 봉투가 있다. 들여다보니 딸기 팩이다. “딸기 사셨어요?” “운길산에 가서 딸기 샀다… 6팩 사서 들고 오는데, 힘들더라.”

“왜 그렇게 많이 사셨어요?” “…통장님 한 팩, 우리 집 앞 눈 쓸어 준 정 선생, 김 서방(내 남편)….”

운길산은 서울에서 먼 곳. 싱싱한 딸기 주스 마시러 오빠는 거기까지 간다. 지난번 만났을 때 동생이 그 얘기 듣고 “딸기 좀 사 오시지, 맛 좀 보게” 해서 이번에 딸기 사러 또 갔다. 사더라도 동생 몫만 사지, 옆집 통장님, 눈 쓸어 준 사람, 매제까지 생각하다니, 생각의 폭이 넓다. 마음의 시야도 넓고… 몇 년 전, 아라뱃길 구경 갔을 때, 편의점에 들어가 도시락 코너 찾는데, 나는 어리둥절하고 동생도 찾는데, 오빠(86세)는 한눈에 보고 그 코너 앞으로 간다. 육안, 심안의 시야가 넓은 오빠 옆에서 나는 많이 생각하고 많이 배운다.

내 방, 내 거실

내가 소설을 쓰면서부터 더욱 예리해져서 정서의 안정이 필요했다. 아름다운 명화(名畫)를 볼 때, 내 정서가 안정되면서 즐겁다는 걸 알았다. 그 뒤 밥은 굶어도 그림은 사고 싶었다. 누가 물었다. "명화를, 미술관 거기서 보면 되지 어떻게 그걸 구입해서 내 집에다 두려는 생각을 했어요?"

"많이 좋아하면 곁에 두고 싶지요. 결혼도 그런 것 아닐까요. 맘에 든 사람 만나면, 가끔 만나는 것으로 만족 못하고 평생 곁에 있고 싶어 하는 심리나 같을 겁니다."

나이 80이 되어서야 내 거실, 내 방이 맘에 든다.

수십 번의 시행착오로 오늘이 있게 되었다. 내 거실과 방은 내 인격 성장과 미의식의 결정이다. 이 '거실과 그림 있는 북향 방' 만드는 데 80년 걸렸어도 완전하지는 않고.

인생도 그렇다. 사람 하나 만들어지려면 80년만 걸리겠는가. 사람은 참 더디 크는 나무. 사람 하나가 하나님 눈높이, 창조 목적에 맞게 자라려면 끝없는 연단인 고난이 필수적. 사랑하는 자녀일수록 강도 높게 단련시키신다고 한다.

곤드레나물 그냥 줄 걸

정선 친구가 곤드레 한 박스를 보냈다. 2시간 15분간 삶아서, 거의 다 들고 동생 주려고 지하철 이수역으로 갔다. 동생이 많으면 싫어할까 봐 얼마쯤은 따로 들고. 동생은 많다고, 따로 들고 간 것은 안 가져간다. 그때 쉼터, 우리들 옆에서 우리 얘기를 다 들은 어떤 아주머니가 "그럼 그 곤드레 나한테 팔아요" 하나, 나는 "안 팔아요" 한다.

동생과 더 얘기하는데 그가 또 팔라고, 나는 안 판다 하고.

그 뒤로도 그가 더 졸랐으나 나는 꽉 막힌 사람처럼 안 판다고만. '그거 그냥 주면 되는데…' 동생이 안 가져간 곤드레 그에게 주기 싫은 마음 전혀 없었다. 그에게 얼마든지 기쁘게 거저 줄 수가 있다. 나는 그때, 그와 돈 받고 파는 상거래(商去來) 안 한다는 생각에 갇혀, '거저 준다'는 생각 못 했다. 나중에 다른 동생에게 곤드레 얘기하면서야 '그에게 다 줄 걸.' 그에게 다 줘 버렸으면 무겁게 들고 오면서 '나는 왜 누구에게 적당히 줄 줄을 모를까' 한탄도, 자책도 않고 무한히 즐거웠을 텐데… 미련이 먼저, 지혜는 나중이다.

내 집에 남편 쉴 방은 있는가

"…'인생을 바꾸려면 공간을 바꿔야 한다.' 철학자 앙리 르페브르가 쓴 말년의 역작 『공간의 생산』의 핵심 내용이다. 공간은 그저 비어 있고, 그저 수동적으로 채워지는 곳이 아니다. 공간은 매 순간 인간 상호 작용에 개입하고 의식을 변화시킨다…."

외출해서 사람 만나고 나면 나는 정서가 흐려지면서 피곤해진다. 정서도 쉼이 필요해서, 내 방이나 거실의 그림을 보면서 쉰다. 남편도 하루를 지나고 나면 쉼이 필요하다.

거실은 거의 남편 차지고 안방에도 쉴 만한 자기 공간이 있다. 남편도 자기 공간이 있어야 '자기 이야기'가 생기고, 자존감도 '봐줄 만한 매력'도 생긴다고 한다. 한 인간의 품격은 자기 공간이 있어야 유지된다고. 그렇다면 자기 방, 자기 공간을 만들 수 없는 남편은 어떻게 할까? … 아내의 가슴처럼 남편을 품어 주는 '따뜻한 공간'은 없다. 아내의 따뜻한 가슴은 남편이 쉬는 최선의 공간. 아내가 없는 남편은?

아내 가슴보다 더 따뜻한 하나님 품 안을 찾으면 된다.

아내 정서를 그대로 보존해 주기

오늘 '화려한 외출'을 앞두고 일찍부터 남편 아침상을 차린다. 다 차려 놓고도 남편에게 또 말로 알려 줄 게 있다.

일일이 다 말로 알려 주고 나서 아내가 하는 말.

"나는 지금부터 화려한 외출입니다. 오늘은 스케줄이 화려해요. 이렇게 소풍 가는 아이처럼 기쁘다는 것. 남편이 내 정서를 그대로 보존해 줘서 그래요. 아니지, 보존이 아니라 성숙시켰지. 고마워요."… 일어나지 않고 누워 있는 남편에게 아내는 뭐라고 말도 많이 한다. 남편이 아무런 반응이 없으니까 더 말한다. "아내는 보석 반지 사다 주고 좋은 옷 사다 준 것보다 아내의 정서를 인정하고 그대로 받아 주는 게 더 큰 선물이어요. 나는 가장 귀한 선물 받고 사네요."

남편은 여전히 말이 없고. 나는 감사하는 마음으로 나간다. 승강기에서 내려 급히 지하철역으로 향하는데 남편 전화. "마스크 썼냐고?" "아이구! 안 썼네, 그런데 배낭에 비상용 있어요. 고마워요!" 아이 옆에는 돌봐 주는 어른이 있어야 하듯, 부족한 아내는 늘 남편이 돌봐 줘야 한다.

내 집 안에 새 공간 만들기

모네 그림 좋아하는 인천 향란 님이 우리 집에 와서 그림들을 본다. 거실 식탁 뒤에 반쯤 가려진 대형 「수련」에 그의 시선이 머문다. 내가 초기에 구입한 것으로 워낙 무겁고 오래돼, 이사 때마다 한 30년 끌고 다녀서 한쪽 귀퉁이 유리에 금이 갔다. 투명 테이프로 붙여 구석에 두고 연못의 신비로운 수심을 들여다보곤 한다. 그날, 향란 님과 그 그림에 대하여 대화하다가, 어느 순간에 내가 그 그림을 거실 전면 장식장 위(왼편)로 옮긴다. 공간이 생산되는 순간이다. 전에는 전혀 생각도 못한 일. 옮겨 놓고 보니, 그림이 살아나면서 거실에 아름다운 새 공간이 생긴다. 그림이 제자리를 찾는다.

한 30년 못 찾다가 찾은 제자리. 미적 감각이 있는 향란 님이 거실 구석의 모네 「수련」을 살려 낸다. 뭐라고 해서 살려 냈는지는 희미하다. 둘이 대화 중에 내 손이 그 그림을 옮긴 것. '향란 님과 대화 중에' 남을 나보다 낫게 여기면서 대화 나눌 때, 영감이 생긴다. 살아 보니까, 사람은 어느 누구에게나 내가 안 가진 영감, 창의성이 있다.

인생을 바꾸려면 공간을 바꿔야 한다

"인생을 바꾸려면 공간을 바꿔야 한다." "공간은 그저 비어 있고, 수동적으로 채워지는 곳이 아니다. 공간은 매 순간 인간 상호 작용에 개입하고, 의식을 변화시킨다."

외국 어느 철학자가 한 말. 전에도 몇 번이나 인용했지만, 생각할수록 충격적인 말. 아무리 들어도 내겐 충격적이다.

나는 지금까지 공간은 그저 비어 있고 수동적으로 채워지는 무생물이라고 생각했다. 그런데 공간은 살아서 매 순간 우리들의 상호 작용에 개입하고, 더 무서운 건 우리들 의식을 변화시킨다는 것. 요즘은 코로나로 집 안 생활이 많아져서, '집 안의 공간 생산'이 무엇보다 요구되는 시기다.

그리고 내 집의 공간 생산자는 바로 그 가정의 주부인 아내요 어머니다. 나는 이 글을 읽고 내 집 안, '공간의 생산'에 적극적으로 관심 가지고 있다.

아내나 어머니의 안목, 마음의 크기만큼 자녀는 물론 남편도 자란다. 아내는 남편의 어머니요, 남편이 쉬는 따뜻한 공간이요, 눈에 보이는 하나님이라고 한다.

옷이 아름답습니다

외국 어느 아름다운 도시에 강사로 갔을 때, 있었던 일이다. 그 도시에 한 10여 일 머물렀는데, 그 도시에서 큰 회사를 가지고 있는 사장님 부부를 만났다. 내 글에 호감을 가진 사장님 부부는 내가 그 도시에 묵는 동안, 거의 매일 같이 내 숙소 목사님 부부와 내게 저녁을 대접했다. 다양하게 새 메뉴를 찾아서. 어느 날 밤. 식사가 끝나고 나올 때, 일행은 잠깐 쇼핑할 게 있다고 뒤처지고 그 사장님과 나는 그 식당 빌딩 앞에서 일행을 기다리게 되었다. 포근한 봄밤. 그때 사장님이 나를 바라보더니 한 말씀 하시는데 엉뚱하다. "…옷이 아름답습니다."

나는 놀라고 부끄러워하면서 내 옷차림을 내려다본다. 나는 그때 치마는 혜경 엄마가 입다가 주신 연한 갈색의 긴 2단 주름치마, 동생이 내놓은 헌옷 보따리에서 가져온 검은 블라우스. 그리고 소설가 친구가 자기 딸이 사 놓고 안 입는데 자기는 작아서 못 입겠다고 준, 연한 카키색 반코트.

그런 내 옷차림을 보고 아름답다고 하니, 당황스러워서

고개를 못 들었다.

그런데 나이가 많아지면서 요즘 가끔 그 말이 생각난다. 정말 그때, 내 옷이 아름다웠을까? … 그 말에는 외국에서 일가를 이룬 한 중년 남자의 서글픔 같은 게 들어 있어서 내게 이리도 오래 남는가. 남의 나라에서 성공하기가 쉬운 일이었을까. 수십 년 전에 떠나온 가난한 고국이 많이 그리울 것이고. 그런 마음으로 옛날 여인 같은 수수한 나를 보자, 문득 향수가 일어서 '옷이 아름답습니다' 했을까.

한 인간의 생애가 담아진 한마디를 들은 것 같다.

우리는 무심중에 뱉는 누군가의 한마디를 오래 기억할 때가 있다. 우리가 무심히 뱉는 말 한마디에 그 사람 인생 무게가 실리기도 한다. 나는 무심중에 어떤 말을 이웃에게 남기면서 살고 있는가. 위로가 되고 격려가 되는 온공(溫恭)스런 사랑의 말을 남기면서 살고 있는가.

주님이 안으시는 가정

오래전 일이다. 어느 외국 도시에 강사로 갔을 때, 부유한 한 가정을 방문했다. 그 댁 남편이 아내에게 준 선물이라는 액자가 한쪽 벽에 걸려 있다.

액자 속에는 그날 남편이 들에서 꺾은 들꽃 몇 송이가 마른 채 들어 있다. 부유한 남편이 주는 아내 생일 선물은 너무나 검소하고 소박하나, 한 남편의 순결한 애정이 담겨 있다. 더 관심 있게 본 것은 그 풀 꽃다발 밑, 남편의 글이다.

"이 가정을 안으시는 주님을 사랑합니다. 2012/10/19."

주님의 사랑을 온전히 믿고 의지하는 남편, 한 가정을 고스란히 주님 품에 맡기고 안기는 한 가장인, 남편 믿음의 무게와 아내에 대한 철석같은 사랑이 담긴 글이다.

나는 지금도 생각한다. 주님은 그 가정만 안고 계실까?

우리의 가정을 다 안고 계신다. 우리는 내 가정, 내 가족을 주님께 맡기면서 살아간다.

공평하신 하나님

어제, 새 책이 나와서 책을 보고 싶으면 곧 내 집으로 오시라고 두 분한테 전화한다.

A에겐 집 앞 지하철역에서 11시(오전)에 만나서 전해 드리기로 하고, B에겐 그림 보고 싶어 해서 집으로 와서 그림도 보고 책 가져가라 하고. 그런데 11시가 되어 갈수록 내 마음이 바뀌진다. 처음엔 두 사람이 모르는 사이니까 따로 따로 만나서 책 전해 드리려고 했지만, 시간이 지날수록 두 사람에게 책 전하는 내 방법이 공평하지 않다는 것.

어떤 이에겐 지하철역에서 잠깐 만나서 전하고, 어떤 이에겐 집에서 점심 대접하고 전하고. 책 전하는 방법에 차별이 있다. 하나님 보시기에 공평하지 않다. 내가 A라고 해도 섭섭하지 않을까. 그가 아무리 나를 잘 이해하고 피해 의식이 없다고 하지만 그도 사람이다.

'사람은 상대의 마음을 다 차지하지 않으면 섭섭하다.'

더구나 같은 날, 같은 상황에서 차별을 두어 대하면 더 섭섭하다.

먼저 B에게 양해를 구하고 A와 합석하기로 한다.

결국 A와 B 두 사람이 함께 우리 집에서 만나기로.

나까지 셋이서 점심 들고, 그림 보고, 차도 마시면서 담소하니 훌륭한 정담(鼎談)이 된다. 그림 볼 때는 커튼을 완전히 치고 거실 세 군데에 있는 전등을 다 켠다. 밝고 따뜻한 불빛에 그림들이 살아난다. 근 30년 이상 우리 집 그림을 보아 온 B는 지금까지 이렇게 그림이 다 살아 보인 적은 없다고. "복숭아꽃들이 살아나고 시냇가에 있는 풀들 색(연초록)이 보이네요. 전에는 안 보였는데… 아아 불빛이 이렇게 중요하구나. 작가님, 미술관(?)에 관객이 오면 커튼을 꼭 끝까지 다 치고 불을 이렇게 다 밝혀야겠네요. 그런데 전기가 많이 들어서…." "괜찮아요. 다른 데 아끼면 되지요."

그날. 내 손님맞이는 세 사람 다 만족스럽게 마쳤다.

누구에게나 공평하신 예수님의 사랑을 내가 본받아서 실천했기 때문이다. 공평하지 못한 내 손님맞이 방법을 예수님이 바꾸게 하시고, 나는 순종하고.

예수님 말씀 따르면 이런 즐거움이 있다.

"의와 공평을 행하는 것은 제사(예배)드리는 것보다 여호와께서 기쁘게 여기시느니라"(잠언 21:3, 개역한글).

책장 옮길 때 날 불러요

그날 우리 집에 오신 두 분을 약칭으로 A와 B라고 부른다. 그들과 내 글 쓰는 북향 방에 들어갔을 때 얘기다.

모네의 그림, 청색 바탕의 미루나무 세 그루 밑에 양산을 든 소슬한(?) 여인 밑으로 청색 소파가 놓여 있다.

내가 늘 책장에 기대앉아서 이 소파와 그림을 본다고 하면서 앉으니, A와 B도 내 옆에 앉는다. 세 사람이 나란히 앉아서 그림과 소파가 만들어 내는 분위기에 잠긴다.

B가 "아이고 숨이 쉬어진다" 하기에 나는 더 얘기한다.

"이 그림과 소파 때문에 이 방에서 거처하려고 해요… 창을 가리는 저 책장을 동향 방으로 옮기고."

그때 A가 거든다.

"책이 무거운데."

"그럼 당신이 와서 도와주실래요." "네."

"그래요 책장 옮길 때 당신을 부를게요… 저, 아무나 안 불러요. 나를 도와줘도 편안한 사람을 부르지… 저기 거실 커튼 빨 때도 생각했어요… 더 나이 들면 못 빨 건데 어떻게 하지, 세탁소에 맡기는 것보다 맘에 드는 사람하고 같이 하면 좋을 것인데, 그와 종일 커튼 빨면서 얘기도 하고, 놀고. 그때, 당신(A)을 생각했다니까요. 당신은 아직 젊고 내 옆에서 내 일 거들어도 맘이 편할 것 같아서….”

말수가 적고 순결한 A는 미소만 머금고 있다.

‘힘든 인생’을 사는 그에게 내 마음이 가고 있다.

힘든 인생이 만든 그의 다소곳함이, 나를 끌어가고 있다.

단호박 두 개 가지고 오신 친구

젊은 친구 A가 우리 집에 오면서 가지고 오신 단호박 두 개. 그걸 꺼내면서 말한다. "작가님이 아무것도 못 가지고 오게 해서, 집에 있는 것은 괜찮을 것 같아서, 단호박 두 개 있어서 가지고 왔어요." 요즘 어디 가서 이런 때 묻지 않은 '순결한 말'을 들을 수 있을까.

오후 3시 지나서, 내 어린 친구 A는 갔다. 나는 그가 혹시라도 우리 집 거실 그림 보고 가서, 마음이 좀 불편하지 않을까 하면서 내 마음도 불편해진다. 그는 선하고 피해 의식 없는 사람이지만 그래도 사람은 의외로 약하기도 하니까. 얼마 뒤, 그가 잘 도착했다는 전화다. 나는 그 전화를 붙잡고 놓지 않는다. "…나는 지금 80이어요. 그동안 고생도 하고, 많은 눈물의 골짜기 지나서 왔어요. 내 30대 50대에 이런 거실 주셨다면, 나는 지금 이보다 훨씬 '덜된' 사람일 겁니다. 당신은 아직 젊으니까 내 나이 되면 당신에겐 더 아름다운, 당신에게 맞는 집 주실 거예요. 지금도 아담한 집에서 잘 사시지만… 그리고 동생 걱정은 마세요. 그렇게 하면서 동생도 당신도 크는 거니까요. 고통이 없는 삶은 죽은 삶이어요."

그리고 그날 A에게 못다 한 말이 있어서 지면으로 한다.

"당신이 그날 입은 블라우스, 함께한 그분(B)이 아름답다고 하신 그 옷. 자잘하게 고운 꽃잎을 수백 송이 따다가 붙인 듯, 특이하게 환상적인 옷이 바로 당신입니다.

내가 물었지요. 당신이 골랐느냐고…. 당신의 어떤 환상과 꿈이 애잔하게 물결치는 것 같았어요. 내겐 파격적인 옷이라 주저하고 있는데 그분이 감탄하시니까, 나도 안심하고 감상하면서 당신을 더 알게 되었지요.

당신이 못다 이룬 꿈들이 늘 당신 속에서 파도치고 있다고, 그 옷은 말하고 있어요. 그 파도가 어떤 그리움이 되어 그렇게도 많은 책들을 읽게 했지요. 빠듯한 한 달 생활비에서도 신간 서적부터 사는 당신. 작가인 나보다 더 많은 책을 읽고 문학적인 당신, 당신은 지금 '순결함 단순함 문학성'으로 현실에서 힘든 인생을 살고 있습니다. 그러나 '힘든 인생'은 날마다 새로워지는 거룩한 인생입니다. 그 '거룩한 인생'이 당신의 꿈이 되어야 합니다.

당신은 지금 그 꿈을 차근차근히 이뤄 가고 있습니다.

그 힘든 인생에서 얻어진 눈물, 아픔, 회한 같은 것들이, 하나님이 원하시는 '거룩한 사람'으로,

당신을 만들어 가고 있습니다."

권력이 100이면 70~80만 써라(1)

어느 분이 사서삼경을 배운 한문 선생님이 해 주신 말씀이 삶에 큰 교훈이 된다고 한다. 그 한문 선생은 사람이 가진 권력이 100이면, 그 100을 다 쓰지 말고 70~80만 쓰라고 하셨다. 그 한문 선생 말씀에서 나는 더 나아간다. 성경은 도덕적인 데서 더 나아가니까. 그에게 말한다.

"예수님은 이 땅에 오실 때부터 하나님의 아들이라는 권세를 다 내려놓으셨어요. 100에서 70~80 정도 내려놓은 게 아니라 0으로 내려놓았지요. 그래서 한문 선생님 가르침이 교훈이라면 예수님 말씀은 진리지요. 예수님은 하나님의 아들이지만 섬김을 받으러 오시지 않고 섬기려고 종의 모습으로, 그가 가진 권세 다 내려놓고 0으로 오신 겁니다. 성경 빌립보서 말씀, 마태복음 말씀이 증언합니다."

"그는 근본 하나님의 본체시나 하나님과 동등됨을 취할 것으로 여기지 아니하시고 오히려 자기를 비워 종의 형체를 가지사 사람들과 같이 되셨고"(빌립보서 2:6~7).

"너희 중에 누구든지 으뜸이 되고자 하는 자는 너희의 종이 되어야 하리라"(마태복음 20:27).

내가 살아가면서 간혹 종의 모습을 보일 때가 있다.

이건 내가 가진 힘의 70~80만 쓰는 게 아니고 0으로 다 내려놓는 것 아닌가. "…으뜸이 되고자 하는 자는 너희의 종이 되어야 하리라"는 예수님 말씀을 배워서.

그런데 내가 종의 모습, 항상 되는 게 아니다. 내 힘으로 되는 게 아니기에. 예수님의 사랑 가득, 성령 충만할 때만 된다. 이것이 도덕적인 종교와 '사랑과 은혜'의 기독교가 다른 점이라고 나는 생각한다.

권력이 100이면 70~80만 써라(2)

어느 독자는 자기에게 사서삼경을 가르친 한문 선생에게서 많이 배웠다고 한다. 그 한문 선생님은 '사람이 권세 100을 가지면 70~80만 써야 한다'고. 많은 권세가들이 그 권세 100을 다 쓰다가 변을 당하거나 멸망한다고. 교훈 삼아야 할 좋은 말씀이다. 내가 그 이야기 듣고 그 독자에게 이런 말씀을 보탠다. 사람들이 진리인 성경 말씀보다 도덕적인 교훈을 좋아하는 이유를 설명한다.

"그 한문 선생은 사람이 가진 권세 100을 70~80만 쓰라고 했는데, 예수님은 자기가 가진 권세를 다 쓰지 말고 다 내려놓으라고 하십니다. 자기가 가진 권세 100을 하나[1]도 쓰지 말라고. 그걸 예수님은 몸으로 실천하셨지요. 말구유에 태어나신 것은 하나님 아들이라는 권세를 0으로 다 내려놓으신 표적입니다. 죽은 나사로도 살리는 권세 가진 분이 십자가 죽음을 당하신 것도 자기가 가진 권세 100 다 내려놓으신 거고요. 결국 죽음 이기고 살아나셨지만.

도덕이나 윤리는 우리가 알아듣기 쉽고 실천 가능하니까

사람들이 좋아합니다. 그러나 도덕이 진리는 아니지요. 진리는 완전해야 하는데, 내 권세 70~80이라도 쓰라는 건 완전하다고 할 수 없어요. 성경은 네가 가진 권세 그 100 다 내려놓으라고 합니다. 그래야 완전하지요. 자기 가진 권세 하나(1)라도 쓰면, 그건 완전히 내려놓는 것 아닙니다.

그 권세 하나를 쓰면, 하나 쓴 그만큼 누군가는 부자유하고 다치고 상하는 것이니까요.

인간은 자기가 가진 권세 다 내려놓으라고 하면, 그건 말이 아니라고 억울해, 분해합니다. 그래서 그런 성경 말씀은 싫어하고 안 믿지요. 내가 노력해서 얻은 내 권세라 생각하고, 어느 정도는 내가 쓰고 싶으니까, 70~80만 쓰라고 하는 도덕적 교훈을 좋아합니다. 내가 가진 떡 10개 다 남 주라고 하면 싫지요. 말도 안 된다고. 10개 중 7~8개는 너 먹고, 나머지 2~3개만 주어라 하니까 좋아하지요.

그러나 나보다 더 어렵고 가난한 이들에게 그 떡 10개 다 줘도 괜찮은 것 아니어요. 나는 지금 배가 부르고 떡 살 돈도 충분히 있으니까. 이게 이웃 사랑 아닙니까?"

총명한 독자는 내 말에 적극 동의한다. 실은 이건 내 말이 아니라 성경에서 배운 말씀이다.

개가 풀 뜯어 먹는 소리

내가 이런 이야기를 다른 친지에게 한다. '이런 이야기'는 바로 다른 글에서도 말한 '도덕은, 사람이 권세 100 가졌으면 70~80만 써야 한다고 하나, 성경은 권세 100 가졌으면 그 100 다 내려놓으라고 한다'고 했더니, 친지는 발끈한다.

"당신이 그런 말 하면 남들이 뭐라고 한 줄 아세요? '개가 풀 뜯어 먹는 소리'라고 웃어요. 당신 같은 고수나 그렇게 말하지." 동의를 구하려고 한 말에 반격당하고 당황하면서 나는 이렇게 답한다. "그래요 내 이런 이야기 '개가 풀 뜯어 먹는 소리'라고 하는 사람들은 내 글 안 읽겠지요. 내 글은 다 그런 얘기니까. 그러나 내 글은 다 진리에 대해서 이야기하고 있으니까, 읽는 게 유익합니다. 내 얘기는 내가 하는 얘기가 아니라 '내가 곧 길이요 진리(眞理)요 생명이니…' 하신 예수님 말씀이니까요. '너희 중에 누구든지 으뜸이 되고자 하는 자는 너희의 종이 되어야 하리라.' …종이 되는 건 내 권세 100 다 내려놓는 일. 예수님은 하나님 아들 권세 100 다 내려놓고 이 세상에 종의 모습으로 오셨습니다."

가리개가 필요하다

울산, 어느 고급 식당, 2층 귀빈실에서 차 마시는데, 예술 작품 같은 아름다운 가리개를 본다. 나는 가리개를 보면 그 뒤에 가서 숨고 싶어진다. 발가벗겨진 세상에서 숨을 데가 있어야 맘이 놓이는 나. 집에서도 아늑하고 그늘진 곳을 찾는다. 얼마 전 집에 실내 자전거를 들여 거실 창가에 놓았는데, 그 육중한 몸체를 가렸으면 하고. 강원도 고성이 고향인 사모님께 전화하니, 청계천 그의 집 근처 가리개 가게에 동행해 주신다. 그날, 둘이 가리개 가게에 들렀으나 맘에 든 게 없다. 아쉬워하는 그에게 말한다. "…사모님 가리개 안 사도 좋아요. 사모님과 이렇게 만나고 싶어서 가리개 산다고 한지도 몰라요." 그 뒤. 우리는 점심 먹고 제과점 창가에 앉아서 팥빙수도 마시며, 길가 전신주에 매달린 화분의 꽃들을 본다. 베고니아 꽃잎들이 너울져 살랑거리는데, 바라만 보고 있어도 평안해진다… 코로나로 봄도 가 버린 여름이지만 사모님과 나는 봄날이다. 연한 미색의 고운 꽃잎들이 험한 세상에서 우리를 잠시 가려 준다. 쉬게 한다.

친절한 여인 따라서

잠을 3시간 정도 자면서 글 한 편을 썼다. 자다가도 일어나서 글을 읽고 고치고… 아침에 일어나니, 혀 안쪽에 금이 간 듯 침 삼키기가 곤란하다. 쉬려는데 친지 전화다.

“그분 오늘 만나기로 했는데, 시간 어떠세요?”

그분은, 친지에게 고마운 일 해 주고 “내게 뭐 해 줄 거야” 해서, 친지가 “기일혜 작가 만나게 해 주겠다”고 했단다.

글보다 사람이라, 안 좋은 몸이지만 승낙. 기온이 35.4도. 6월 서울 기온으로 62년 만이라고. 한낮 지하철 인덕원역에 내려 ‘오뚜기 식품’ 가는 버스 기다리는데, 51번 버스가 선다. 거긴 안 간다고. 나는 버스 노선도를 확인하고 불볕에 멍하니 오래 서 있는데, 수수한 차림의 여인이 와서 “저 8번 버스는 오뚜기 식품 가요” 속삭이듯 가르쳐 준다. “아니 어떻게… 아까 내가 묻는 걸 어떻게 듣고… 고마워요.” 나는 폭염 속에서 시원하게 살아나서 아가씨도 같고 부인도 같은 그 여인을 뚫어지게 본다. 어느 미인이 이보다 아름다우랴. 친지 만나러 안 가고, 그 여인 따라서 한없이 가고 싶어진다.

사람은 나무와 같이 산다

오빠 만나서, 오빠네 집 정원 가지치기한 얘기를 듣는다. 그 우거진 나무들을 거의 다 가지치기했다고. 나는 아까워서 묻는다. "오빠 정원 가지치기를 왜 그렇게 많이 했어요." "며느리가 어둡고 나무가 우거지면 벌레가 낀다고 해서 많이 쳐 버렸다." "그럼 오빠네 정원이 휑하겠네요." "휑한 정도가 아니야 운동장이야."

"왜 그렇게까지 나무를 다 치게 놔뒀어요?"

"내가 많이 치라고 했다. 몇 년 동안 안 치게… 그런데 햇빛이 들어와서 좋더라."

며칠 뒤. 오빠네 집에 갈 일이 있었다. 대문 앞에서 보니 오빠네 앞마당이 벌판 같다. 나무가 다 없어졌다. 나무 가지를 거의 다 쳐 버리고 굵은 가지와 둥치만 남아, 산불이 지나간 것 같다… 사람은 나무와 같이 살아야 한다. 아파트 베란다에 나무, 꽃이 있어야 하듯이… 오빠는 나무 없어진 대신 햇빛 들어서 좋단다. 햇빛과 나무, 둘 다 풍성하게 가질 수 없는 게, 이 시대 '문명인' 도시인의 서글픔인가.

여러 날 매미 소리 맑더라

동네 공원에서 산책하다가, 개를 데리고 다니는 부인을 보았다. 그는 송아지만 한 개를 큰 벚나무 둥치 가까이에 세워 두고 산책객들에게 얘기한다. 나도 지나가다가 들었다.

자기 개는 나무에 붙어 있는 매미를 높이 뛰어서 매미를 무작위로 잡아먹는다고. 그래서 요즘 매미 철이라 산에 데리고 와서 맘껏 매미 잡아먹게 한다고, 개 주인인 부인은 자랑한다. 그 부인은 매미를 해로운 곤충으로만 알고 개에게 많이 잡아먹게 하는 것 같다.

매미가 해충일까? 요즘 도심의 매미 소리는 주민들의 잠을 깨운다고, 시끄러운 매미 울음소리를 도시 공해라고도 한다. 도시 소음에 안 지려고 더 세게 매미가 운다고도 하고. 그런데 옛날 선비들은 매미 소리를 귀히 여겼다.

이런 선비의 글들이 있다.

"매미 소리 귀에 들자 내 마음이 움직인다."

"빈산에 해묵은 나무가 많아, 여기저기 매미 울음 그윽도 하다. 그대여 시끄럽다 싫어 말게나, 시끄러운 가운데 고요함 있네."

"여러 날 매미 소리 맑더란 얘기, 글에 써서 어른께 보내드렸지. 그 어른 이제는 계시잖으니, 이 마음 마침내 뉘게 말할까."

중국 선비의 이런 글도 있다.

"며칠 사이 매미 소리가 더욱 맑습니다. 들을 때마다 높은 풍도를 그리워하지 않음이 없습니다."

「오늘분의 사랑」을 읽고

"일혜야, 내가 이번에 늬 글(41집, 「오늘분의 사랑」) 읽고 실천하려고 애쓴다. 오늘 하루라도 좋은 일 하나씩 하려고.

일혜야, 내가 종합 병원이잖니? 이번에도 몇 달을 꼼짝 못 하고 집에만 있었잖아. 이제 좀 괜찮아졌어… 오늘 병원에 가는 날인데, 버스를 탔다. 나보다 더 약한 사람은 없는 것 같은데도, 머리가 흰 노인이 타기에 양보하고 일어났다.

나는(80세) 넘어지면 뼈가 부서지기에 버스 기둥을 꽉 붙잡고 꼼짝 않고 참고 서 있었다… 일혜야 나 잘했지?"

"아아니, 못했다! 그러다가 어쩌려고. 또 기브스(깁스) 하고 몇 달 누워 있으려고? 너는 그럴 때 양보하면 안 돼. 그러다가 어쩌려고 그래."

"…병원 앞에서 내리는데, 그 노인도 병원 앞에서 내리더라. 같이 병원에 갔지… 사람이 많아서 기다리면서도 옆에 사람에게 내 친구가 쓴 책이라고 자랑하고, 늬 책 한 권 주면서 읽어 보라고 했다. 일혜야 나는 이상하다. 아파서, 전도 많이 한다. 나 오늘도 교회 가서 기도하고 왔다. 오늘 하루도 감사하면서 사랑하게 해 달라고… 기도하는 사람 나 혼자야."

명자 친구는 기도도 많이 하고, 일상에서 사랑하면서 살려고 애쓰는 내 신앙 선배다.

참고로 친구가 은혜 받고 아픈 몸으로 실천하려 한다는 「오늘분의 사랑」을 다시 옮겨 본다.

오늘 내가 자기 전에 할 일이 있다
오늘분의 사랑을 다 쓰는 것이다
조금도 남기지 말자
다 사용한 빈 가슴으로 잠자리에 들자
샘물처럼 차오르는 내일의 사랑을 기다리며

주여 나의 병든 몸을

어느 시골 독자와 통화한다. 그는 대화 중에 찬송가 471장을 아느냐고 묻는다. 자기는 4절까지 줄줄 외워서 부른다고. 내가 한번 불러 보라고 하니, "주여 나의 병든 몸을…" 울먹이면서 더 이상 못 부른다. 그와 전화 끊고 그 찬송가를 찾아본다. 나도 많이 불러 본 찬송이다.

"주여 나의 병든 몸을 지금 고쳐 주소서 / 모든 병을 고쳐 주마 주 약속하셨네 / 내가 지금 굳게 믿고 주님 앞에 구하오니 / 주여 크신 권능으로 곧 고쳐 주소서"(찬송가 471장 1절).

그는 척추가 저리고 쑤실 때마다 이 노래를 부른다고 한다.

척추가 안 아픈 사람은 독자의 아픔을 다 느낄 수가 없다. "죄 많은 곳에 은혜가 많다"고 하듯이 주님은 눈물 많고 아픔 많은 골짜기에 영적인 참 복을 숨겨 놓으셨다.

독자는 아플 때마다 이 찬송 부르면서 주님과 동행한다. 동행하면서 그 인생이 자라나고… 그의 아픔은 영적으로는 유익하나, 그렇다고 몸이 안 아픈 내가, 몸이 아픈 그에게 할 말은 아니다.

집에 들어가기 무서운 남편들

나는 버릇처럼 남편이 외출할 때, 현관문 열고 남편을 배웅한다. 현관문 열면 바로 보이는 승강기. 내가 안 들어가고 있으면 남편은 들어가라고 손짓한다. 내가 뻔뻔스럽게 더 서 있으면, 남편은 내가 부담스러운지 내가 안 보이는 승강기 안쪽으로 들어가(숨어) 버린다. 언제 보니까 아들도 어느 날 내가 서 있으니, 승강기 안쪽으로 들어가 버린다.

남편들은 수줍어지고 아내들은 뻔뻔해지고. 아파트에서 걷는 60~70대 부부를 보면 아내가 앞장서고 남편이 뒤따라간다. 앞선 아내는 투사 같고 뒤따르는 남편은 순한 양 같다. 내 느낌이다.

오늘은 남편이 엷은 회색 바지에 미색 티, 같은 색 야구 모자. "옷차림이 멋져요!" 원고 교정보던 아내가 갑자기 나와서 호들갑 떨면서 칭찬하니, 어색한지 승강기 안쪽으로 얼른 들어가 버린다. 1층에 멈춰 있는 승강기를 올라오게 했으니, 그때 승강기 안에는 아무도 없고 남편 혼자인데도 안쪽으로 들어가 버린다. 그래도 아내에게 미안한지, 바로 안 내려가고 몇 초 동안 정지.

그런데 그 몇 초 사이에, 이 철없는 아내가 숨어 버린 남편에게 "까꿍!" 하니까, 더 어색한지 더 조용(내 느낌). 그래도 승강기는 몇 초 더 정지 상태. 그것이 내 까꿍 인사 받았다는 답례인가. 너무나 우스워서 혼자 크게 많이 웃는다. 글 쓰는 긴장 피로가 싹악 풀린다.

'늙은 핑계 대고 개 잡는다'더니, 뻔뻔해진 아내는 늙은 핑계 대고 순진한 남편 괴롭히는 것 아닌가. 내가 신혼 때라면 이런 유치한 장난, 어디 감히 했을 것인가.

의학적으로도 남자는 늙어 갈수록 부드러워지고 온순해진다고 한다. 그래서인지, 요새 남편들은 집에 들어가기가 무섭단다. 호랑이 같은 아내가 버티고 있으니까.

"날마다 호랑이에게 물어뜯기는데, 그래도 안 죽고 살아 있는 게 용하지…" 하는 남편들.

호랑이에서 순한 집비둘기로 바뀌어야 하는 아내들.

명약은 성경 말씀이다.

'아내는 남편에게 복종(존경)하고, 남편은 아내를 사랑하라.' 그러면 그 부부는 하나님이 책임지시겠다는 말씀이다.

하나님이 책임지시겠다는데 머뭇거리고, 어렵다고만 하지 말고 오늘부터라도 부부는 시작해 볼 일이다.

'남편에게 복종(존경)을. 아내에게 사랑을'(성경 에베소서 5장).

편집실장님의 조언

내 책(42집) 3차 교정 볼 때다. 「94세 할머니의 부탁」이라는 제목의 글 교정지 끝부분에 편집실장님의 독후감이 적혀 있다. "결론이 심하게 아파요." 내 글 결론이 냉정, 잔인하다는 평으로도 들린다. 감동적인 결론은 못 될지라도 독자 마음을 심하게 아프게 해서는 안 된다는 생각이라, 작가는 그 글에 애정을 쏟아서 다시 쓴다.

전번엔 그 글 끝마무리를 '하나님 앞에서 사람 자랑은 안 하는 것'이라고 잘라 말하고, 주인공을 약간 강 건너 불 보듯이 객관적으로 담담하게 썼다. 실명을 밝히면 곤란할 것 같아, 익명으로 쓰니까 약간 피상적이 되고. 그렇게 이것저것 고려하다 보니, 이성적이고 맥없는 죽은 글이 되고 말았다. 실장님의 독후감 '결론이 심하게 아파요'를 읽고, 냉철한 작가 입장을 떠나서 주인공에 대한 애정과 존경을 담아서 따뜻하게 다시 썼다.

글 한 편이 나오려면 여러 사람 도움이 필요하다.

나는 그날, 할머니의 이야기를 짧은 시간에 너무 많이 듣고 계속 지쳐 있는 상태. 94년 산 여인의 생애를 한 번 만나, 한 시간 얘기 듣고, 글 한 페이지에 압축해야 하니, 어떻게 간추려야 할지 난감하기도 했다.

또 글 주제가 내가 먼저 감동해서 쓴 글이 아니라, 가슴보다 머리가 많이 작용했던 것 같고. 어찌 됐든 작중의 사람이나 사물에 애정 없는 글은 죽은 글. 등장인물이나 주변 사물에 작가의 관심, 애정이 부어져야 글이 살아난다.

편집실장님의 조언 한마디가 「94세 할머니의 부탁」이라는 글 한 편을 그만큼이라도 살려 낸다.

2부

현대인들의 공갈 젖꼭지

하해수 어머님(94세)께 드립니다

오늘 서울에는 비가 최고로 많이 온다고 일기 예보가 무섭게 나온 날. 나는 지하철 4호선 불광역으로 간다. 오후 2시 반에 하해수 할머니 손녀와 만나기로 약속이 돼 있어서. 이번에 나온 수필집(42)에 그의 얘기가 실려서 드리려고 책 23권 메고, 들고.

가면서 생각하니, 책 한 페이지에 한 여인의 평생을 담는다는 게 무리였다. 줄이고 줄인 글이라, 그 글을 보면 그분이 많이 섭섭해하실 것 같다. 그래서 부랴부랴 지하철 안에서 드릴 책에다 짧게 편지 쓴다. 사인하듯이.

"하해수 어머님, 깊이 존경합니다. 제가 쓴 글이 마음에 안 드시고 냉정하게 느껴지더라도 용서하시고 보셔요. 작가가 너무 개인적인 감정을 드러낼 수도 없고, 한정된 지면이라 많이 줄이느라고 빠진 부분도 많았을 것입니다.

열 아들 못지않은 따님(목사님)과 조카님 두셨으니, 누구보다도 잘 사신 인생입니다. 평안하시고 강건하십시오…
저자 기일혜 드림(지하철 안에서 급히 써서 글자가 삐뚤빼뚤합니다)."

애다(愛多) 님께

오늘 오후. 무더위로 지쳐 있는데, 벌교 애다 님이 문자 편지 보냈다. "여름 손님 치르느라 작가님의 수필 42집이 도착했음에도 잠시 미루고 이제야 작가님과의 만남을… 가슴 벅찬 감동으로 읽었습니다. 『오래 살면 아름다워진다』 지쳐 힘들어하는 요즘 제목들만 봐도 힘이 됩니다….

고급한 글들이 마음을 설레게 합니다."

애다 님은 '아직도 이리 때 묻지 않은 감성이시구나.'

나는 즉시 답장 보낸다.

"'고급한 글들이 마음을 설레게 합니다.'

이 한 구절이면 42집(『오래 살면 아름다워진다』) 쓴 제 피곤함이 확 날아갈 수도 있어요.

시인 애다 님이 사모 노릇 하느라고 애달프십니다.

당신의 글 한 줄이 무더위는 물론 '하오의 권태와 짜증' 어떤 시름까지 날려 버립니다… 다시 자세히 보니, '이제야 작가님과의 만남을… 가슴 벅찬 감동으로 읽었습니다.'

아무도 이렇게 살아서 펄펄 뛰는 독후감 안 보냈어요."

숨은 꽃_ 80세 작가의 글

인천 향란 님 댁 가는 날. 동생과 1호선 전철역 송내역에서 10시 30분 만남인데 9시 10분에 집을 나선다. 약속 시간보다 한 15분 더 일찍 도착할 것 같다. 그 15분 기다림은 설렘의 연속으로 내가 살아 있는 즐거운 시간. 그렇게 전철로 가고 있는데, 젊은 친구가 전화한다.

"어제저녁 숙제를 끝내고 작가님 글(41집, 『내 영혼의 수학여행』)을 봤지요. 그런데 글이 너무 젊어요. 파릇파릇해요. 이 글을 보다가 작가(80세)를 실제로 만나면 놀랄 것 같아요."

"작가의 외모를 보지 말고, 정신이나 영혼을 봐야지요."

"그래요… 그런데 이렇게 일찍 누구 만나러 가세요."

"내가 그때 얘기했지요. 빵 선물 받았다고. 오늘은 그분 댁에 가요."

나는 내 글이 '너무 젊어요. 파릇파릇해요' 하는 젊은 친구 말에, 금세 내 마음 더 싱싱하게 파릇파릇해진다.

사람 말 한마디에 마음이 살아나기도 하고 죽기도 한다.

내 '생명의 근원'이 내 마음에 있기 때문이다.

숨은 꽃_ 사랑하는 아우에게

향란 님 집으로 가는 도중, 내 글(41집, 『내 영혼의 수학여행』)이 젊고 파릇파릇하다는 독후감 전화로 듣고 더 파릇해진 나는, 한 시간 후면 만나게 될 동생에게 전화한다. 향란 님은 동생의 친구. 동생이 그에게 준 내 책을 그가 읽고 그가 만든 '사랑빵'을 두 번이나 선물로 보냈다. 오늘은 그를 만나러 가는 길. 동생이 고맙고 귀하다는 생각으로 '사랑하는 아우님' 하고 전화로 부른다. 내가 정중하게 부르니, 동생은 막 웃더니, "언니는 이렇게 할랑할랑한 데가 있어서 좋더라" 한다. 내가 어린애처럼 철없어서 좋다는 뜻.

내 대답도 할랑할랑하다. "나도 네가 무조건, 무조건이야." 동생은 계속 웃고 있다. 웃음이 많은 동생이 좋다.

동생과 자주 만나면서 그의 마음과 영혼의 아름다움과 만나게 된다. 자주 만나고 오래 사귀면 사람은 다 깊고 풍부하고 신비롭다. 하나님의 자녀는 아버지 하나님 닮아서 작은 신(神)이라 그렇다. 웃음이 많은 동생도, 할랑할랑해 보이는 나도 다 신비롭다. 다 하나님 닮아서.

숨은 꽃_ 고요한 모자상

그 집에 가서 보면 그가 살아온 흔적, 역사가 보인다.

그날도 동생과 같이 지하철 1호선 송내역에 내려서 버스 타고 향란 님 집으로 간다. '인천 공원' 지나서 내린다.

집 구경하는데, 50평 넓은 집 양쪽으로 긴 베란다가 있고, 복도 같은 한쪽 베란다에는 꽃밭이 있다. 꽃밭에는 남천 촉 귤나무 이름도 모르는 외국 나무가 두 그루, 방울토마토, 푸른 보리 싹도 자라고… 집 구경하고 주방 식탁에 앉는다.

식탁 옆 장식장에 놓여 있는 고요한 모자상(母子像) 사진. 그가 26세 젊은 나이에 첫아이 안고, 눈을 내리감고 앉아 있는 모습. 미켈란젤로의 「성모자(聖母子)」같이 성스럽기까지 하다.

향란 님 집은 우리 집과 다른 아름다움이 있어, 많이 배우게 된다. 그렇다고 내가 아름다운 50평 집에서만 배우는 것 아니다. 몇십 년 전, 옥탑방에 세 사는 독자가 나를 초대했다. 됫박만 한 옥탑방을 새로 도배하고 점심은 콩나물밥에 간장 하나. 지금도 그 옥탑방의 감동은 생생하다.

내 감동은 넓은 집, 좁은 집 가리지 않는다.

숨은 꽃_ 진주는 숨어 있다

인천 향란 님 댁에서 그가 첫아기 안고 있는 사진을 오래 본다. 예술 작품 보듯이 고요한 '모자상'을 한참이나 보고, 향란 님 어머니가 만드신 쪽보도 보게 된다. 나는 쪽보를 볼 때, 천 조각을 잇는 바느질 솜씨보다 색의 조화를 먼저 본다.

향란 님 어머니가 만드신 쪽보는 지금까지 무수히 보아 온 쪽보와 다르다. 연한 옥색 모시 천에 더 연한 옥색 모시 천을 잇대고, 간혹 하얀색 모시가 눈송이처럼 끼어 있어 청아, 청아하다. 내가 그 쪽보를 옆에 있는 의자 등받이에 올려놓고 감상하면서 감탄하니, 갑자기 동생이 다급한 표정으로 말한다.

"언니 책 제목(소제목)이 보통 100개도 넘던데, 그걸 몇 군데로 나눠서 쓰지?"

"그래 1부, 2부… 제목이 너무 많아서 사람들이 읽기 편하게 나누었지."

"그 한 부분을 향란 권사 얘기로 쓰면 좋겠네. 내가 주제

넘게, 얼핏 지나간 생각인데 제목은 '진주는 숨어 있다' 어떤가?" 동생은 의기양양하기까지 한 표정이다.

"아아 '순임 님' 하고 여러 편 쓰듯이, '진주는 숨어 있다'라는 제목으로 향란 님 얘기 여러 편 쓰라는 말이지."

"그래, 그래."

"나도 여기 오려고 할 때부터 그런 생각했는데, 나와 생각이 어쩜 그리 같니? 그렇게 하자. 내 생각이 너, 라는 객관성을 얻었으니 더 분명해지고… 그런데 진주는 숨어 있다, 도 좋은데, 요약해서 '숨은 꽃' 하면 어떨까?"

"그거 좋네, 좋아."

"야 너 대단하다. 그런 생각을 다 하고. 어디 가려면 너를 데리고 가야겠다. 너를 데리고 가면 내 생각이 더 광범해지겠구나. 객관적이 되고."

동생은 언어에 대한 감각이, 그 언어 이미지에 대한 순간의 예지가 있다.

숨은 꽃_ 어머니의 헝겊 가방

세상 어머니는 어느 의미로 보면 다 예술가다.

한 생명을 낳아서 사랑으로 돌보고 키우는 것 이상 위대한 종합 예술이 있을까. 인천 향란 님 어머니는 일상에서 예술적으로 사신 분이다. 따님인 향란 님에게 "너는 눈으로 한번 보면 그 음식을 왜 못 만드느냐?"고 나무라신 적이 있다. 어머니는 음식 바느질 다 한번 보면 그대로 잘 하시는데, 그것도 예술의 경지다. 이런 일화가 있다.

향란 님이 초등학교 3학년 땐가, 어머니가 수놓아서 만든 예쁜 헝겊 가방을 만들어 주셨다. 그걸 본 향란 님 친구 엄마가 그대로 만들어서 자기 딸에게 주었다. 그 일로 해서 향란 님 엄마는 친구 엄마와 언쟁했다. 왜 남의 작품을 그대로 본떠서 만들었느냐, 왜 내 창작품을 모방했느냐.

'허락도 없이.'

이 언쟁을 목격한 향란 님은 어머니가 너무 하는 것 같아서 싫었다. 작가인 내가 어머니를 변명한다.

"어머니는 그때 어머니이면서 예술가였어요. 자기 작품을 누가 그대로 모방하는 것 보면 불쾌하지요. 허락도 없이.

작가는 이해할 수 있어요. 어머니는 자부심도 강한 예술가였어요. 몸은 일상에 담고 있는 주부지만, 자기 독창성에 자부심을 가지고 있는. 당신도 그 어머니의 예술성을 물려받아 예술적 소양이나 감각이 풍부하잖아요."

향란 님은 이제야 어머니를 이해하게 되었을까.

우리는 할 수만 있으면 모든 사람을 이해하고 자유롭게 놓아드려야 한다. 그들은 하나님이 독창적으로 만드신 사랑하시는 자녀들이니까. 그렇게 하는 게 하나님의 창조를 겸허하게 인정하는 피조물인 사람의 본분이라고 생각한다.

숨은 꽃_ 한 우물만 파야 물이 나온다고요?

인천 향란 님은 지금까지 안 해 본 공부가 없다고 할 정도로, 인생 공부를 머리로만 아니고 몸으로도 배웠다.

오디션 봐서 뽑는 유명 합창단 단원, 요리 강습, 꽃꽂이, 웃음치료사 강습, 한문 공부, 심지어 글씨 잘 쓰는 강습까지 받았다. 지금까지 여러 가지 공부를 해 보았으나 특별하게 하나 이룬 것도 없다면서, 요즘은 건강빵(사랑빵) 만들어 필요한 분에게 선물하신다고. 이 대목에서 내가 한 말씀 드린다.

"당신이 이룬 게 없다고요? 세상 사람 눈으로 볼 때, 그럴지도 모릅니다. 그러나 하나님 보시기엔 안 그래요. 우리 속담에 우물도 '한 우물을 파야 물이 나온다'고, 여러 일 말고 하나에 집중하라고 합니다. 여러 우물 파다 물 안 나오면 그동안의 노력은 헛수고, 실패라고. 그러나 하나님은 열 번 우물 파서 물 안 나와도 그걸 실패라고 안 합니다.

'…하나님을 사랑하는 자 곧 그의 뜻대로 부르심을 입은 자들에게는 모든 것이 합력하여 선을 이루느니라'(로마서 8:28).

모든 것이 합력하여 선을 이룬다는 그 모든 것 속에 우리의 많은 실패도 좌절도 절망도 들어간답니다.

열 번, 스무 번 우물만 파는 실패를 거듭할지라도, 그 실패도 합력하여 선을 이룬다고 하십니다. 사람은 실패에서 더 자랍니다. 당신이 지금까지 해 온 많은 공부들이 다 허사가 아니고 뭘 못 이룬 것도 아닙니다. 이 모든 공부는 오늘날 당신이 '사랑빵' 만들고 전하는 일을 온전히, 잘하기 위한 기초 작업인지도 모릅니다.

그게 어디 작은 일입니까? 내가 청정한 재료 구입해서 정성으로 빵 만들어, 겸손하고 낮은 자세로 '거저 드린다'는 것이. 거저 드리기가 더 어려워요… 당신이 거저 드리는 그 '사랑빵'은, 받는 사람의 몸과 마음, 영혼까지도 기쁘게 하는 선한 선물이지요. 이것이 어찌, 어찌 작은 일이겠습니까."

숨은 꽃_ 폭우 속의 외출

오늘은 올해 들어 비가 가장 많이 오는 날. 모든 야구장이 게임 중단이다. 그러나 나는 약속이 있어서 오전 일찍 외출, 지하철 1호선 송내역에서 내려 버스로 '인천 공원' 지나서 있는 향란 님 집 앞에서 내린다. 나는 두 시간 정도 지하철과 버스 타고 모네 그림 보러 그의 집에 다시 간다.

그 댁 현관문 바로 위 공간에 걸려 있는 운하 풍경이 있는 모네의 그림. 이 아름다운 대형 그림을 많은 사람들이 볼 수 있는 거실 중앙에 걸었으면 하는 마음이었으나 그만두고… 오후 4시쯤, 그 댁에서 출발. 쏟아지는 빗줄기 속에서 버스 타고 송내역 지하철에 오르니 노인석에 노인들이 없다… 폭풍우 속에 고령의 외출은 조마조마하다 … 저녁 6시쯤 비바람에 젖은 몸으로 집 앞에 서서 안도의 숨을 쉰다. 내게 집이 있음을 '처음으로 고마워한' 날이다. … 한 100년 사는 이 땅에 내 집이 있어도 이리 고마운데, 죽음 너머에 영원히 살 내 집이 있다는 건 얼마나 감사할 일인가. 그런데 당신은 죽음 너머에 영원히 살 그런 집이 있습니까?

숨은 꽃_ 꿈에도 생각 못한 일

"오늘 만나고 싶은 작가를 만나다니! 꿈에도 생각 못한 일이에요." 얼마 전 인천, 향란 님 처음 만났을 때, 내게 하던 말씀이다. 그는 내 동생 통해서 만나게 된 독자다. 그는 동생에게, 언니 부흥회(?) 할 때 한번 가 보고 싶다, 할 정도로 나를 한번 만났으면 했다. 그런데 그날 만났다.

그날 아침 내가 받은 동생 전화는 이런 내용이다.

"언젠가 언니에게 유기농 밀가루 빵이라고 주었제. 그이가 또 이번에 언니한테 빵 주겠다고. 내일이 언니 생일인데 잘되었네. 내가 받아다가 언니 만나서 줄게." "야아, 오늘 나도 그이 만나면 안 되니? …나도 한번 만나고 싶다. 어떤 분이 그렇게 귀한 빵을 두 번이나 보내나, 보고 싶다."

동생을 조르다시피 해서 그를 만나게 된다. 향란 님이 전심으로 간구(?)했더니, 만나고 싶은 작가가 먼저 만나자고 하는, 그의 말대로 꿈에도 생각 못한 일이 일어난다.

향란 님 마음 간절함 아시는 하나님이 꿈에도 생각 못한 일, 일어나게 도와주셨나 보다.

숨은 꽃_ 빵 봉투를 양산으로 가리는 여인

그날, 향란 님은 자기가 만든 빵 내게 주시려고 백운역(지하철 1호선) 근처 공원에서 기다리고, 나는 동생과 백운역에 내려서 그 공원으로 간다. 산책하기엔 날씨가 무더워서 가까운 커피집으로 들어간다. 향란 님과 같이 오신 재숙 님까지 우리 일행은 네 사람. 나는 그들을 처음 만나서, 자리에 앉자 제대로 인사드린다. 먼저 향란 님에게 인사한다.

"그렇게 좋은 빵을 지난번에도 주시고 오늘도…."

재숙 님에겐 내 인사가 길다.

"동생이 재숙 님 이야기를 많이 해요. 오빠가 동생 만나면 '요새 재숙 씨도 잘 있냐?'고 물어요. 동생이 재숙 씨 칭찬 많이 해요." 재숙 씨는 웃기만 하고 향란 님이 말한다.

"아까, 이 빵 봉투에 햇빛이 비쳐서 양산으로 가렸어요. 그러니까 옆에 있는 여자가 보더라고요."

"그러셨어요. 내가 만든 빵이니까, 내 작품이니까 조금이라도 안 좋아질까 봐 양산으로 가렸지요. 저도 제 작품이 그렇게 소중하더라고요."

내 원고가 인쇄소로 넘어갈 때까지 어디를 고쳤으면 한다고 나는 편집실로 전화해서 교정한다. 실장님 팀장님이 수고가 많다. 오래전, 어느 유명한 소설가는 인쇄소까지 따라가서 교정본다고 들었다. 세상 끝 날에는 세상에 없는 명문(名文)도 다 불타 버릴 것인데… 불타 버릴 것도 사람들은 이렇게 소중히 간수하는데, 자기 형상으로 만든 자기 작품인 우리 인간들을 양육하고 훈련시키시는 데 하나님은 얼마나 엄격하게, 그러나 사랑으로 다루시겠는가. 고통, 실패, 한탄, 절망, 모욕, 환란이라는 다양한 과목으로 우리 자녀들을 교육시키신다고 한다. 비록 사망의 어두운 골짜기일지라도 자녀를 강훈련시키려는 하나님의 자녀 교육 방법일 뿐, 결과는 다 좋다. 그 결과는 내 노력으로 만든 게 아니라, 하나님이 만드시기에 다 좋다는 것.

하지(夏至) 파티

지난번 하짓날. 동생 집에서 오빠와 나는 삼계탕, 녹두죽 먹으면서 "우리 하지 파티 하네요" 했다. 동생은 내게 정성 들여 쑨 녹두죽 한 통을 주었는데, 며칠이 지난 오늘 아침에야 본다. 길쭉한 통에 너무 많이 담겨 있다. 동생에게 전화한다.

"너는 죽 쒀서 언니 다 줬냐?"

"인제야 봤어? 집에 먹을 것이 많구만."

"아니, 그 파란 통이 냉장고 저 안쪽에 있어서 못 봤지. 오늘 아침에야 본 거야… 오늘 뭐 하니?"

"나, 오늘 쉬어. 어제도 쉬고."

"그럼 내가 갈 거나. 형부가 서래포구 가서 나 오늘 해방이다."

"해방, 하하하… 그래서 언니가 전화하는구나."

"나 지금 '압박과 설움'에서 해방되었다…. 네가 항상 뭐 사 오니까 이번엔 내가 뭐 사 가지고 갈게. 뭐 통닭?"

"언니가 여기까지 올 게 아니라 내가 갈게. 통닭 사 갖고."

"그럼 통닭 사 온 값은 내가 줄게."

"공짜로 얻어먹어야 더 맛있다네."

"너는 말도 잘한다. 그럼 그러자."

옆에서 내 얘기 다 들은 남편이 하는 말.

"오늘은 유토피아에 친구 하나를 부르는구만."

남편은 내가 유토피아에 산다고 비약해서 재미있게 말한다. 나는 또 막 웃으면서 생각한다. 맞는 말이다. 내 마음에 예수님 모시고 있으니까, 나 있는 이곳이 천국, 세상 사람들 말로는 유토피아지… 주님 계신 천국에서는 어떤 사람도 안 그리울 것. 그러나 여기는 인간 세상, 내 안에 예수님 계셔도 불완전한 유토피아. 여기서는 보통 사람이 그립다. 통닭 사 갖고 온다는 동생이 그립다.

칠보단장(七寶丹粧) 곱게 하고

요즘 인기 트로트 가수가 부른 노래, 제목은 모르겠는데 이런 가사가 있다고 한다.

"칠보단장 곱게 하고 설레던 그날이 바로 어제 아침 같은데…" 노래 좋아하는 동생이 말해 준다.

그러면서 들려주는 이야기. "… 칠보단장 하니까 생각이 나더라고. 결혼해서 장성 집으로 신행(新行) 갈 때. 다홍치마에 초록 저고리 입고, 겨울이라 그 위에다 감색 모직 미디 코트를 입고 갈 때, 얼마나 설렜겠는가! …그때, 가다가 고○옥 선생 부부를 만났는데, 나를 보고 깜짝 놀라더라고…."

"네가 얼마나 예쁘게 고왔으면 그 세련된 멋쟁이 선생이 깜짝 놀랐겠니. 너 그때 참 정말로 고왔겠구나. 넌 키도 알맞게 크고 피부도 희고 어깨가 좁아서 한복 입은 자태가 곱지. 그런데 맵씨가 있다고 다 아름다운 건 아니야. 그 아름다움을 내면의 미가 받쳐 줘야 해."

"그래, 그런 얘기 처음 듣네."

"네 풍부한 정서(情緖)가 네 자태를 돋보이게 하는 거야. 사람들이 너보고 분위기 있다고 한다며…."

동생에겐 칠보단장도 있고 마음 단장도 있는 편.

베드로전서 3장 3~4절에 있는 말씀이다.

"너희 단장(丹粧)은 머리를 꾸미고 금을 차고 아름다운 옷을 입는 외모로 하지 말고 오직 마음에 숨은 사람을 온유하고 안정(安靜)한 심령의 썩지 아니할 것으로 하라 이는 하나님 앞에 값진 것이니라"(베드로전서 3:3~4, 개역한글).

요즘 여인들은 칠보단장에만 치우치는 것 같다. 칠보단장이 아름다우려면 무엇보다 내면의 마음 단장이 있어야 한다. '오직 마음에 숨은 사람을 온유하고 안정한 심령의 썩지 아니할 것으로 하라.' 실천하기는 참 어려운 말씀이다.

풀밭도 꽃 심으면 꽃밭 된다

우리 아파트 정원에는 지금 백일홍꽃이 한창이다. 아파트 한적하고 약간 높은 곳에 네모진 제법 넓은 공간 중앙에 두어 평, 마주 보는 쪽에 한 네댓 평 그리고 주위에 있는 빈 화분 10여 개에 백일홍이 심어져 있다.

어느 날 한 아주머니가 백일홍 잎에 소독약을 뿌리고 있다. 내가 묻는다. "여기 직원이세요?" "아니에요. 주민이어요." "그럼 자원봉사 하시네요."

"이거 보세요. 백일홍 잎이 하얗잖아요. 이러다간 곧 죽어요… 관리실에 가서 약 달라고 해서 하는 거예요… 처음에 내가 여기다 백일홍 심었어요."

"그러시구나… 다른 분이 심은 줄 알았는데…."

"내가 어려서부터 꽃을 좋아해서… 여기 키 작은 백일홍 있지요, 이것도 내가 어디 가서 어렵게 구해다가 심었어요. 우리 어머니가 자주 말씀했어요. '풀밭에도 꽃 심으면 꽃밭 된다고'…."

"어머니가 그런 말씀을 다 하셨어요…?"

나는 그 어머니 말씀에 감동하면서 마태복음(13:3-9)의 '씨 뿌리는 비유'가 생각난다.

사람이 자기 마음을 좋은 땅으로 만들 수 있을까?

내가 율법을 다 지켜서 의인 되는 것만큼이나 불가능한 일. 아무리 노력해도 내 마음 내가 좋은 땅, 옥토로 만들 수 없다. 그러나 생명의 씨 뿌리는 하나님이 예수님이라는 생명의 씨를 사람 마음에 뿌리면, 그 마음 밭은 옥토가 된다는 비유의 말씀이라고 한다.

황무지라도 장미 심으면 장미 꽃밭, 풀밭에도 백일홍 심어서 자라면 백일홍 꽃밭이라고 부르듯이, 내 안에 예수님이 거하시면 나는 예수님과 같이 하나님 자녀가 된다는 말씀이다.

망설이다가 가 버린 사랑

아파트 단지 안에 있는 '백일홍 꽃밭'으로 산책 나갔다가 꽃 이파리 소독하는 아주머니를 만난다.

지나치려다가 그에게 말을 건넨다. "소독하세요?"

"…여기 이파리가 하얗지요. 이거 그대로 두면 곧 번져요… 우리 어머니는 자주 말씀하셨어요. '풀밭도 꽃 심으면 꽃밭 된다고'…."

내가 감동하고 있으니까, 그는 곧 내게 부탁한다.

"소독약 좀 뿌려 주겠어요?"

나는 얼른 대답을 못한다. 갑자기 엄두가 안 나서. 소독약이 무섭기도 하고 잘못 뿌릴까 봐 겁이 나서 망설인다. 더구나 그는 말소리도 똑똑하고, 손놀림이 재빠르고 민첩하다. 나는 소독약 뿌리기 싫은 것보다 저런 분 맘에 들게 일 할 수 있을까, 하는 소심함에서 망설인다.

그 소독약 같이 뿌리자고 한 부인의 제의에 선뜻 응하지 못하고 한동안 망설인 나. 한참 후에야 하겠다고 한다.

"제가 소독약 뿌릴게요. 10시에 강의 들으러 가신다면서요."

"괜찮아요." 그는 거절한다. 왜 거절할까,

아까는 해 달라고 해 놓고. 이상하게 여기면서 집으로 가다가, 어쨌든 내가 잘못한 일이라, 다시 되돌아가서 소독약 뿌리겠다고 한다. 그는 여전히 거절. 거절하는 이유를 잘 모르겠다. 그러나 이미 때는 늦었다. 망설이다가 그에게 더 가까이 갈 수도 있는 기회를 놓쳤다. 어느 유행가 가사 한 대목이 생각난다. "망설이다가 가 버린 사랑…."

그러나 망설임이 나쁘기만 할까. 독일 총리 메르켈 평전을 소개한 한 기자는 메르켈을 한마디로 말한다.

"망설였다… 망설였다… 그리고 위대해졌다."

"통찰력보다 신중함이 무기."

망설임은 가끔 눈앞의 작은 이익은 놓칠 수 있지만 신중함이라는 무기가 되어 더 좋은 결과를 가져올 수도 있다.

'망설이다가 가 버린 사랑' 뒤에 더 진실한 사랑이 찾아올 수도 있으니까.

씨도둑은 못한다

백일홍 꽃밭. 한 7평 남짓한 밭에 있는 수많은 백일홍 이파리가 희어지는 병으로 죽어 가고 있다. 나는 그 꽃밭 보기가 괴로워서 그곳으로 잘 안 간다. 어느 날 궁금해서 한 번 가 봤다가 신기한 걸 발견한다. 그 많은 백일홍이 다 병들어 폭우에 쓰러져 가는데 유일하게 오직 한 그루, 백일홍 꽃밭 속에 들어 있는 '보라색 홑잎 봉숭아'는 건강하다.

가지를 14개나 뻗고 우람하게 서서 꽃을 피우고 열매를 맺어 가고 있다. 봉숭아 이파리 수십 개를 보아도 한 잎도 희게 병든 게 없다. 그 보라색 봉숭아가 신기해서 요즘은 매일 아침 가서 들여다본다. 이제는 줄줄이 씨를 맺고 꽃은 가지 끝에 몇 송이 피어 있지만 아직도 이파리 하나 병들지 않고 생생하다.

이 봉숭아를 보면서 생각한다. 옛날에 어른들이 '씨도둑은 못한다'고 했다. 백일홍은 이 전염병에 약하고 봉숭아는 이 병에 강하다. 씨가 다르기 때문이다.

며칠 뒤 폭우가 더 내려서 백일홍 꽃밭은 초토화되고, 숨어 있던 봉숭아 세 그루가 더 나타난다. 전염병은 백일홍과 봉숭아를 분명하게 구별시킨다. 종말에는 알곡과 쭉정이, 예수 믿는 사람과 믿지 않은 사람으로 구별된다. '예수 생명이라는 씨'를 가진 자와 안 가진 자로 나누어진다. 예수 생명을 가진 자는 봉숭아가 전염병을 이기듯, 환란도 죽음도 이기고 살아난다. 살아서 씨를 맺는 알곡이 된다. 요즘엔 먼저 맺은 봉숭아 씨가 떨어져서 어린 아기 봉숭아가 파랗게 네 그루나 자라나고, 그중 한 그루에는 두세 송이 꽃도 피고.

하나님은 자연계를 통해서도 계시하신다. 이런 백일홍과 봉숭아를 들어서 직접 가르치신다. 이 땅에서 잠깐 살다가 멸망하지 말고 영원한 생명인 예수님 믿고 영생 얻으라고.

귀 있는 자는 들을지어다.

사람의 간청은 야구의 적시타

야구에만 적시타가 있는 것 아니다. 사람의 이야기도 해야 할 최적의 때, 적시타가 있다.

「6월의 선물」(42집)이란 글을 써 놓고, 그 글 주인공에게 할 얘기가 있어서 문자 보내니 안 받는다. 전화까지 해서 이야기할 건 아니고 해서 아침상 차린다. 그때 그가 전화한다. 문자 지금 보았다면서. 그러나 이미 때가 지났다. 얘기할 마음이 아니다. 아까는 하고 싶었지만 지금은 시들해진다.

다시 생각하니 전화하려는 내용도 별거 아닌 것 같고.

나는 친지에게 "아까는 꼭 말하고 싶었는데 지금 생각하니 별거 아닌 거 같네요" 하자, 상대는 의외로 강하게 매달린다.

"별거 아닌 게 더 재미있어요. 해 주세요. 해 주세요…."

친지의 이 말에 감복해서 안 하고 싶던 그 얘기를 하고야 만다… 야구에는 적시타가 어쩌다 만들어지지만 사람에게 적시타는 언제라도 만들어질 수 있구나. '간청하면 된다.'

간청이 곧 적시타, 상대의 간청은 내 마음을 적중시킨다.

성경에도 이런 말씀(누가복음 11:5-8)이 있다. 벗됨을 인하여는 밤중에 문을 열어 주지 아니하나, 그의 간청함을 인하여는 밤중에도 문을 열고 떡을 준다. 때로는 간청이 우정보다 낫다는 말씀 아닌가. 요즘은 사람들이 간청하지 않는다. 마음의 삶이 줄어들기 때문이리라.

내가 가진 귀한 건 거의 다 간청, 간구해서 얻어진 것들. 모욕을 당해도, 자존심이 상해도, 손해가 나도, 한결같이 끊임없이 계속 붙잡는 게 간청. 요새는 나도 마음 분산하고 대강 사는 것 같다. 잘 간청하지 않는다.

위층에 사는 부인

오늘 아침 산책하러, 승강기 안으로 들어가니 낯선 부인이 젖은 긴 머리를 커다란 핀으로 대강 꽂은 채 고개를 구석 쪽으로 숙이고 있다. 마스크 안 하고 있다. 요새는 마스크 안 하면 남 앞에 떳떳이 고개 못 드는 죄인이 된다.

부인 옆에는 커다란 쓰레기 봉지 셋이 놓여 있고. 오늘은 쓰레기 버리는 날. 그 옆에는 양복 차림의 단정한 신사가 그림처럼 서 있다.

1층에 승강기가 멈추자, 여자가 고개를 약간 들고 신사에게 기어드는 목소리로 힘없이 말한다. “잘 다녀와요.” 그들은 부부다. 그 부인과 나는 1층에서 내리고 신사는 지하차고로 간다. 내가 ‘기어드는 목소리’로 힘없이 말한 부인이 안돼 보여서 무심히 한마디 한다.

“더 다정하게 인사하지 그러셔요.”

여인은 금세 화악 피어나는 얼굴이 되어 대답한다.

“아아, 제가 마스크를 안 해서… 감사해요. 보통 때는 다정하게 말해요.”

내가 웃으면서 말을 잇는다. "못 보던 분이시네요."

"이사 온 지 좀 됐어요. 저는 몇 번 봤어요… 나이도 있으신데, 몸 관리를 잘하셨어요. 저는 요새 체중이 불더니, 다리를 삐었어요. 친정어머니도 갑자기 살이 쪄서 힘들어해요." "그러세요."

"오늘이, 아들 상견례가 있어서 떨려요."

그는 호감 어린 얼굴로 쓰레기 봉지 옆에서 스스럼없이 집안 얘기도 해 준다. "그러셔요. 고마워요. 그런 집안 얘기까지 다 해 주시고. 오늘 상견례 잘하실 거예요." "예에."

부인은 담뿍 웃음을 띠고 금세 행복한 어머니 얼굴이 된다. 정답고 말씀도 곱게 하시는구나. 할머니라고 안 하고 "나이도 있으신데…" 하는 것을 보니.

오늘 아침, 나는 즐겁고 다정해지고, 행복한 아침이다. 이웃과 말 한마디 주고받으면서 내 하루가 훌륭하게 열리고 있다. 위층 부인에게도 아들 상견례가 있는 설레는 하루가, 이웃의 다정한 축하를 받으면서 훌륭하게 열릴 것이다.

나이 듦에 대한 세 사람의 생각

사람들, 특히 여자들은 '나이 듦'을 두려워한다.

건강과 미를 다 잃기 때문이다. 그러나 늙음 예찬(?)의 이런 글도 있다. "어떤 점에서는 늘 병을 앓고 있는 게 좋아요. 그래야 몸을 조절합니다. 쓸데없는 욕심을 안 부리고요. 그래서 늙고 병드는 게 결코 나쁜 일이 아닙니다…."

여자의 나이 듦에 대해서 나는 이렇게 말하고 싶다.

'여성은 가장 가까운 환상'이라는데… 봄, 여름, 가을 지나온 나 같은 여인은 '겨울 여인' 환상이 가셔 버린 메마르고 추운 여인일까… 내면은 성숙해서 유연하고 따뜻한 여인이다. '마음 따뜻함'이 가볍고 달콤하지만 싱겁고 차가운 '젊은 환상(젊은 여자)'에 비할 것인가. 봄, 여름, 가을 지나온 겨울 여인은 속이 무르익어서 향기까지 난다.

사람의 나이 듦에 대해서 어느 목사님은 이렇게 말씀하신다. 내 말로 쉽게 옮긴다.

"우리의 인생이 늙고 지나간 생애를 돌아보며 그때가 좋았지, 이렇게 얘기하는 건 얼마나 한심한 일인가요. 인생에 목적지가 있다면, 내가 지금 있는 이곳이 그 목적지에 가까운 여기어야 되지, 아직도 출발했던 그 역이 좋았어, 수원에서 출발해서 시청역까지 전철을 탔는데 안양역이 좋았어, 하고 있으면 얼마나 어리석은 일일까요? …내가 어디를 가는지, 무엇을 만들고 있는지 모른다면 거기서 사진 찍은 것밖에 남는 게 없어요.

아직 부름 받지 않았고(죽지 않았고), 아직 어른으로, 어른으로 남았잖아요. 집안에서 교회에서 나라에서, 믿음의 어른으로… '지금 여기'는 죽으면 가는 데가 아니고 살아생전에 '어떻게 살래?' 하고 준 시간이라고요. 아직 어디로 가고 있잖아요. 젊을 때가 뭐가 좋아요. 그 시절을 지나서 여기까지 왔는데 왜 돌아보자 해요 자꾸… 뭘 해야 된다고 생각해요. 인생이 뭔가 신앙생활이 뭔가에 대해서… 지혜와 통찰, 책임과 믿음, 인내가 있어야 할 것 아니어요. 뭐가 겁나세요. 사망을 깨고 영생을 주셨는데… 뭐가 겁이 나요?

'모두를 위하여 진정 기도할 수 있는'

그런 인생을 살아, 주 앞에 서시기를 바랍니다."

노년들이 지켜야 할 7가지 수칙

어디에서 들은 노후 생활을 위한 조언이다.

어디까지나 참고할 조언이다. 그래도 한번쯤 나를 들여다보면서 생각하게 된다. 최선을 다해 공부하고, 지갑을 확 열라는 말이 나는 가장 좋다.

1. dress up, 할 수 있는 대로 옷을 깨끗이 단정히 입어라
2. clean up, 할 수 있는 대로 몸을 청결하게 하라
3. move up, 귀찮더라도 몸을 많이 움직여라
4. leaning up, 가능하다면 최선을 다해서 공부해라
5. give up, 움켜쥐려고만 말고 많은 것을 포기해라
6. pay up, 될 수 있으면 지갑을 많이 확 열어라
7. shut up, 입을 꽉 다물고 침묵하라

현대인들의 공갈 젖꼭지

"현대인의 공갈 젖꼭지(고무젖꼭지, 가짜 위로)는 게임, 음식, TV, 알코올이다."

아기가 고무젖꼭지 빨듯이, 가짜 위로라도 받고 싶어서 현대인들은 마음의 허기를 게임, 음식, TV, 알코올로 달랜다고 한다. 요새 TV 음식 프로가 부쩍 많아진 것도 마음의 허기를 달래려는 것 아닌가. 트로트가 갑자기 유행한 건 '정서의 허기'를 채우려고?

요새는 동 선 상추의 계절, 청계산 채소 가게에 전화한다.

"내일 동 선 상추 만 원어치만 남겨 두세요."

"동 선 상추는 내일 마지막이어요. 당분간은 없어요."

아기 상추가 동 선 상추 되려면 한동안 자라야 한다. 동 선 상추 없는 식탁을 생각하니 쓸쓸해진다… 이것도 금단 현상일까? 나도 지금 공갈 젖꼭지 빨고 있는 것 아닌가.

뭐든지 과도하게 좋아하면 안 된다. 나는 어떤 마음의 허기가 있어서, 동 선 상추 먹어 보상하려고 하는가.

당신이 의과 대학생도 아니면서

요즘 코로나19 감염 때문에 외출을 금하고 있다. 두 달 가까이 노부부가 집에만 있다. 오늘 아침, TV에서 위장에 대해 얘기한다. “우리 장(腸)은 100조 개 세균이 벌이는 전쟁터.” 밥을 먹다 말고, 나는 TV 앞으로 간다. 남편이 한마디 한다. “의과 대학생도 아니면서 뭐 그렇게 열심히 들으려고….” 나는 웃음을 터뜨린다. 내가 정말 왜 이렇게 열심히 들으려고 하지. 이런 내가 나도 우스워서 계속 웃는다.

이렇게 작은 내 몸의 장 속에 100조의 세균이 지금 싸우고 있다니, 아침밥 먹는 것도 잊고 TV 앞에서 웃고만 있다.

‘의과 대학생도 아니면서…’ 생각할수록 이 말이 나를 우습게 한다. 웃는 나를 보면서 남편은 혼잣말처럼 또 한마디,

“사람이 잘 먹고 잘 쉬면 됐지. 뭘 그렇게 알아서 조심하려고 하고….” 계속 나오는 내 웃음. 실컷 웃고 났더니 몸이 개운하다. 그래서 요새 아가씨들은 결혼 조건에 ‘유머 감각’을 넣나. … 밥 먹다 말고 ‘장 건강’ 듣는 나를 보고 남편은 왜 의과 대학생이 생각났을까. 그것이 우습다.

상추 키우느라 수고하셨어요

청계산 채소 가게로 전화한다.

"토요일, 팔고 남은 동 선 상추 있어요?" "예, 있어요."

"그럼 그거 만 원어치만 남겨 두세요. 팔지 말고, 이따가 제가 사러 갈게요."

오전에 전화 예약한 상추 가지러 청계산 채소 가게로 간다. 동 선 상추도 이게 마지막. 그동안 상추 먹을 때마다 고마웠는데, 오늘은 그 마음을 표현해야지. 마음으로만 고맙다고 하면 뭐 해, 그 마음을 행동으로 나타내야지… 나는 가게로 가서, 예약한 상추부터 사고, 아저씨께 준비한 걸 드린다.

"아저씨, 상추 키우느라고 수고하셨어요. 저를 글 쓰게 하는 고마운 상추예요, 이거 적지만 커피라도 한 잔…."

아저씨는 사양하다가 받으신다. 부인에게도 말한다.

"저런 남편이 어디 있어요. 새벽부터 땀 흘려 가며 채소 기르시고, 존경해야지요."

"예에." 부인은 남편을 인정하는 순종의 목소리로 대답하고, 수고했다고 드리는 적은 돈을 강하게 사양하다가 받는다. 그러면서 내게 뭘 더 주려고 하는 부인을 뿌리치고 집으로 간다.

비바람이 세차서 우산이 날아갈 것 같은 험악한 날씨지만, 이토록 행복하고 포근한 날이 있을까. 내 고마워하는 마음을 물질로, 행동으로 표현하고 나니, 이렇게도 힘이 나고 즐겁게 살아나는구나. 행동 없는 생각이나 마음은 죽은 것, 행함 없는 믿음이 죽은 믿음이라고도 하듯이.

성경 야고보서의 말씀이다.

"영혼 없는 몸이 죽은 것같이 행함이 없는 믿음은 죽은 것이니라"(야고보서 2:26).

수미감자 10개

몇 달에 한 번, 우리 아파트 전체가 소독한다. 소독하는 회사 여직원들은 바쁘므로 차 한 잔 마실 시간도 없다.

그날도 소독 마쳤다는 사인을 받고 중년 여직원은 현관 쪽으로 간다. 현관 바닥에는 5,700원 주고 산 감자 한 박스가 펼쳐 놓여 있다. 서로 닿으면 썩으니까 약간 사이를 두고. 그가 나가려고 현관에서 신 신으면서 그 감자를 본다. 그는 "이거 수미감잔데 이쁘기도 해라" 하면서 감탄한다. "그럼 이거 좀 드릴까요?" 그는 잠시 망설이다가 "주세요" 한다. 나는 수미감자를 예쁜 걸로 골라서 10여 개, 봉지에 담아 드린다. 그는 메고 다니는 배낭에 집어넣는다.

그와 내가 주고받는 얘기를 거실에서 들은 남편이 나중에 묻는다. "감자 몇 개 줬는가." "10개요." "당신은 다, 라도 주고 싶었겠지." "어쩌면 그리 내 맘을 잘 알아요. 그가 감자가 꼭 필요하다고 하면 한 박스, 다는 못 주겠어요? 나는 하나님께 영생이라는 구원을 공짜로 거저 받았는데 뭐가 아깝겠어요. 생각하면 아까운 게 없지요."

아내 양산 사다가 생각이 나서

오늘은 비가 종일 내리는데 남편이 친구 만나고 들어온다. "오늘은 마트에 안 들렀네. 비가 와서… 이건 박○○ 선생이 당신 주라고 하던데, 자기 아내 것 사다가 생각이 나서 샀다고." 남편이 꺼내 주는 검은색 작은 우산. 들어보니 깃털같이 가볍다. "이렇게 가볍다니…."

"자기 아내 것 사면서 샀다고 하대. 노란색도 있고 다른 색도 있는데, 검은색으로 골랐대. 어디 가실 때 넣어 가지고 다니시라고 하던데." "아내 것 살 때 생각났다는 말씀이 고맙네요…." 나는 우산 겸 양산을 고이 접으면서 생각한다. 이걸 동생 주면 어떨까. 주신 분도 너그러이 이해하시겠지.

동생은 몇 년 전에 우리 자매 주려고 자기 것까지 고급 양산 3개를 세일할 때 샀다. 그런데 동생은 그 양산 안 쓰고 내가 옛날에 준 보통 양산을 쓰고 다닌다. 동생에게 묻는다. "너 왜 그 양산 안 쓰고 다니니?" "그거 ○○○ 씨 줬어."

그 좋은 걸 남 주고. …박 선생님이 주신 고급 양산, 동생에게 준다. 내가 쓰는 것보다 가치 있는 일이라고 생각한다.

원피스 선물을 사양하면서

지난번, 어느 친지가 헤어지면서 "아아 원피스 선물 드릴 게 있어요. 팔순 선물로" 한다.

그래서 그날, 그 원피스 받으러 간다. 원피스 받는 것보다 그 원피스 구경하러. 아니, 어쩌면 그와 얘기하고 싶어서 간다는 게 더 맞는 말일지도 모른다.

인덕원에서 버스 두 정거장 가다가 오뚜기 식품 정류소에 내려서 근처 '커피 공작소'로 간다. 그와 둘이 마주 앉는다. 마스크 하고 거리 두고 얘기하는데, 친지가 원피스를 꺼낸다. 감색 반소매의 고급 여름 원피스다. 그도 선물 받은 건데 내게 그 원피스가 어울릴 것 같아 선물한다고.

"감색이 맘에 안 들면 회색으로 바꿀 수도 있어요."

그 원피스 얼른 보니 나보다 그 친지에게 더 어울릴 것 같다. 그 원피스 선물을 거절해야겠는데… 다음은 내가 어렵게 사양한 말의 요약이다.

"내가 지금 이 좋은 원피스 입고 어디 갈 데가 없어요. 요새는 어디 강사로도 안 가고, 이 옷 입고 갈 만한 모임도 없어요. 이젠 바지에 남방이나 걸치고 운동화에 배낭 메고 이렇게 다니는 게 편해요. 나는 '인생의 마음을 읽어 주는 글'을 쓰고 싶은데, 이 옷 입고 가면 사람들의 마음 다 못 봐요. 사람들이 마음 닫아 버려요. 그리고 내게는 원피스가 몇 개 있어요."

"그 오래된 것 입지 마시고 이제 요즘 나온 새 옷으로 좀 입으셔요."

"내가 새 옷 입으면 안 어울려요. 오래된 옷이 어울려요. 새 옷엔 유행이라는 가벼움이 묻어서 경박해 보여요. 운동화에 배낭 메고 이렇게 다니는 게 어울려요. 남의 마음을 잘 보려면 내가 차리고 다녀선 안 되지요."

내 얘기를 다 듣고 나서도 친지는 내가 자기 선물 안 받아간 섭섭함이 한 80프로는 된다고 하면서 서운함을 금치 못한다. 앞으로 나는 이런 서운함을 가까운 사람들에게 많이 주면서 살아야 한다.

승강기로 출근하는 사람

그날 아침, 승강기에서 내리니, 거기 청소부 아주머니가 서 있다. 내가 묻는다. “왜 이리 오세요?” “승강기 안이 지저분한가 보려고요.” “어머나, 사무실로 안 가고 승강기로 와서 청결 점검부터 하네요. 승강기로 출근하시네요.” 청소부 아주머니는 승강기 바닥을 닦고 사무실 쪽으로 간다.

오늘 아침도 음식물 쓰레기 버리러 가니, 그가 여러 개의 음식물 쓰레기통을 물걸레로 닦고 있는데, 그 손놀림이 마치 자기 주방 싱크대 닦듯이 살뜰하다. 내가 기특해서 묻는다. “어디 사세요?” “농협 옆에 살아요.” “좋은 데 사시네요.” “세(貰) 살아요.” “세 살 때가 오붓하고 행복해요. 가족 마음도 하나가 되고.” “일할 수 있어서 감사해요.”

“그러신 것 같아요. 항상 밝고 여유가 있으시고.”

나는 대화를 끊으면서 말한다. “당신은 우리 아파트 직원이니까 한 주민과 가까이 지내고 길게 얘기해도 안 돼요.”

청소부 아주머니를 뒤로하고 나는 서둘러 그 자리를 떠난다.

참고 견디는 삶이 내공이 된다

한 달 만엔가 박 선생 댁에 가서 오디차를 마신다.

박 선생이 대화 중에 하신 말씀이다.

"…선생님은 내공(內攻)이 쌓여서 많은 글을 쓸 수 있어요."

"그럼 박 선생 생각엔 무엇이 내 내공이 되었다고 생각하세요?" "선생님은 누구에게 억울하게 부당하게 당해도 그 자리에서 대들거나 따지지 않고 잠잠하게 참고 견디는 삶이 쌓여서 내공이 된 것 같아요. 사람들은 대개 못 참지요. 그 자리에서 뭔가 해결하려고 해요." "나는 그런 때, 말문이 막혀 말을 못해요. 내 생명이 정지, 작동을 안 하니까, 말이 안 나와요." "그럼 나중에 화가 나고 속상하고 할 건데 그걸 어떻게 하세요." "나중에는 더 아프지요. 그 아픔을 남편한테 다 얘기하고 나면 잊어버려요." "그래서 선생님 남편이 훌륭하신 거예요. 아내를 다 받아 주니까. 아내가 살지요." "어떤 땐 남편이 언제까지 이걸 들어 줘야 하느냐고 물어요, 그럼 '죽을 때까지'라고 해요. 남편은 묵묵부답이지요… 나는 남편의 그런 묵묵함에 기대고 삽니다."

당신은 음식을 눈으로 먹는 사람

한여름 장마 폭염 속, 아침 밥상을 차린다. 반찬은 동생이 담가서 보낸 열무김치, 누가 담가서 주신 오이피클. 또 누가 길러서 주신 풋고추에 멸치조림, 그리고 고등어자반에 미역국. 밥상을 차리고 보니, 나도 얼핏 지나가는 생각이 반찬이 다 '퍼렇구나' 했다. 밥상에 앉은 남편의 첫마디,

"반찬이 다 푸르네. 깍두기 있제, 붉은색이 좀 있어야지."

사뭇 진지하게 말한다. 나는 깍두기를 꺼내 놓으면서 말한다. "아아 당신은 색채 예술가네. 반찬도 색깔로, 먼저 눈으로 맛보고."

약간은 비아냥스런 아내 말에도 남편은 침묵. 침묵하는 남편이 안돼 보여서, 내가 말한다.

"나도 상을 차리고 보니, 국까지 미역국이라 다 퍼렇더라고요. 음식 맛에, 색에 민감한 당신, 이런 것엔 둔감한 아내가 만든 음식 받아먹느라고 수고가 많소. 음식 박사 어머니 밑에서 자란 당신 고생이 참 많소. 나는 몇십 년 드나들어도 주방에 서면 언제나 낯설고 어리둥절하니…." "…."

3부

보리수 열매 주스

표지가 너무 아름다워

"…꼭 쓰러질 것 같은 상황 속에서, 내 나이(86세)를 생각하니 그럴 수도 있다는 말을 스스로에게 했습니다. 그리고 하나님 뵈올 날은 가까워지는데, 너무 잘못한 것이 많네요…(줄임). 표지(42집)가 너무 아름다워 그 꽃밭에 선 것 같습니다. …이번 책은 굽이굽이 가슴을 울립니다(우리 아들 기사만 빼고). 어떻게 표현해야 할까, 영어는 못하지만 '업그레이드' 되었다는 것으로 생각합니다. '기절 낙지'를 읽으면서 당신의 생애를 한눈으로 볼 수 있었습니다. 얼마나 공감이 가는지 마음이 아리기도 하고 '그래 그렇게 살았어. 당신 마음 알아' 뼛속까지 아팠습니다…(줄임).

세상은 너무나 험난하고 풍파가 몰아치듯, 기댈 곳도 없습니다. 우리 주님 의지합니다…. 정죽."

'꼭 쓰러질 것 같은 상황 속에서' 일어나 보낸 정죽 님의 편지. 노년, 죽음에 대해서 생각하게 한다.

'표지가 너무 아름다워 그 꽃밭에 선 것 같습니다.'

'저도 그렇습니다. 당신은 참 문학적입니다. 시인입니다.'

당신들의 숭고한 우정

"그 양반 자체가 인격을 가지고 있고, 생각이 곱고, 지혜가 있는 분이어요." 정죽 님(86세)이 친구, 하해수(94세) 님을 한마디로 말한다…. 정죽 님은 중년 한때, 미국에서 살았다. 그때, 하해수 님은 정죽 님을 멀리 미국으로 보내고, 몸져누워 버렸다. 오래 아프셨다. 한동안 병원 치료를 받고서야 나았다. 그 뒤, 그는 다른 데가 아파서 또 그 병원을 찾았다. 의사 선생님은 그를 진료하면서 묻는 첫 마디가, "누가 또 미국 갔습니까?" 의사 선생님은 그가 지난번에 친구 미국 보내고 마음의 병이 난 걸 기억하고, 그가 또 아프다니, '누가 또 미국 갔습니까?' 하고 물었다… 정죽 님 보내고 마음이 얼마나 아팠으면 그렇게 병이 났을까? …미국에서 귀국한 정죽 님 부부는 한 달에 한 번쯤은 그를 찾아가서 추어탕, 막국수도 사 드리고… 정죽 님은 근 50년, 한 주일에 한 번은 그에게 봉함 편지 보냈다. 하해수 님은 정죽 님 편지를 받으면 가슴에 안고 한 30분은 있다가 본다.

정죽 님, 하해수 님의 숭고한 우정에 깊이 고개 숙인다.

아직 말을 할 수 있고, 정신이 맑을 때

며칠 전 받은 하해수(94세) 님 전화다.

"선생님(기일혜)… 책을 23권이나 들고, 자가용도 아니고 전철을 바꿔 타시고, 나이도 많으신데(80)… 책 받아 놓고 눈물이 쏟아졌습니다… 선생님 늙으면 애기가 돼서 보고 싶을 때, 선생님하고 둘이 찍은 사진(그날 제과점에서 손녀가 찍어 준) 보고. 선생님 고맙습니다. 존경하고 사랑합니다. 또 존경하고 사랑합니다… 선생님 아직 말을 할 수 있고 정신이 맑을 때, 선생님에게 전화하려고요. 받아 주시지요? … 사람들이 선생님처럼 다 살아야 하는데 어렵습니다… 정죽 아주머니 통해서 어떻게 선생님을 알아서… 하나님 감사합니다. 선생님 목소리라도 들으니까 좋네요. 선생님이 바쁘시니까 시간 빼앗으면 안 되니까, 참다 참다가 못 참고… 선생님 고맙고, 존경하고 사랑합니다. 또 존경하고 사랑합니다."

내 책, 지금도 돋보기 안 쓰고 2~3일이면 다 읽는 하해수 님. 아기 같은 목소리… 얼마나 더 들을 수 있을까. 이 땅에서 다시는 대할 수 없을 것 같은 '사람의 천진함, 따뜻

함, 올바름, 겸허한 정스러움이다.'

94세 하해수 님은 아직 '말을 할 수 있고 정신이 맑을 때,' 선생님인 내게 전화하는 것이라고 한다. 그러니, 아무리 바빠도 들어 달라고. '그럼요 들어 드리고말고요.'

그럼 우리 인간이 '말을 할 수 있고, 정신이 맑을 때' 해야 할 일이 무엇일까?

어떤 사람은 재산을 정리해서 자손에게 나눠 주고, 어떤 사람은 못다 한 공부하고, 취미 생활 하고, 여행도 다니고… 그러나 말을 할 수 있고 정신이 맑을 때 가장 먼저 해야 할 일은– 죽음 이후의 내 삶을 생각하면서, 인생이 무엇인가? 진리란, 참 자유란 무엇인가 알아보고 그대로 사는 것. 이미 인생이 무엇인지 알고 참 자유 얻은 사람은 그걸(예수님 사랑) 모르고 사는 사람에게 전해 줘야 하고.

기일혜 씨는 앞으로도 가난을 만들면서 살아야 해

내 영혼의 친구가 오랜만에 전화로 한 부탁이다.

“당신은 앞으로도 계속 가난을 만들면서 살아야 해요. 사람은 부패해요— 형편이 좋으면 부패해요— 여유가 있으면 부패해요— 형통하면 부패해요.”

친구의 진실하고 엄숙한 부탁에 나는 ‘예’라고 대답한다.

“예, 예에… 그런데 나는 여유가 있고 부(富)하면 답답해서 못 살아요. 재미없고 심심해요. 다 비워 버려야, 주어 버려야, 맑고 시원해서 무슨 생각을 할 수가 있어요. 나는 억지로 가난을 만드는 것 아니고 자원해서, 어느새 ‘나도 모르게’ 가난을 만들고 있으니까요.”

다음 날 친구는 또 전화했다. “당신에게 가난을 계속 만들라고 내가 말 안 해도 되는 사람인데… 당신은 자기도 모르게 가난, 그 자리에 가 있는 사람인데….”

“나는 단출하고 부족한 삶에 인생 재미가 있다는 걸 알아 버렸어요. 그것이 진리라는 것도.”

기일혜 수필은 전인적이기보다 각론적

요즘의 내 수필집 글이 '짧아서 깊이가 없다'고도 하고, 짧아서 더 상징성 있어 좋다는 독자도 압도적으로 많고… 유 목사님이 보내 주신 이런 수준 높은 독후감도 있다.

"기 작가님! …전에도 말씀드렸다시피 저는 특별한 경우가 아니면 작가님이 보내 주신 수필집을 완독할 때까지는 하던 일을 일단 멈춥니다… 작가님의 수필의 소재는 거의가 사람과의 관계인데 전인적(全人的)이기보다는 여러 모습을 각론적(各論的)으로 보시는 것이 재미가 있습니다. 마치 빛을 통째로 보면 한 가지 단조로운 색이지만 분해해서 보면 무지개처럼 일곱 가지 색이 되는 것같이 말입니다.

'순임' 씨 얘기(41집)가 그렇습니다."

내 초기 긴 작품에 '인생의 깊이'가 있었다면, 내 후기 짧은 작품엔 '믿음의 깊이'가 있다고 할까. 예수님 말씀이 내 삶에 더 뿌리내려져 있다고 할까.

고로케가 뭐예요?

오늘 아침, 동생이 보낸 문자다. "오늘 점심때쯤 뭐 해? 팥단빵 도너츠 꽈배기 땡기지(당기지) 않으셔?" '땡기지 않으셔?'가 재미있어 금세 유쾌해진 내가 동생에게 전화한다. "팥단빵 꽈배기 사 온다고? 땡긴다 땡겨!" 나는 더 우습게 답하면서 우리는 폭소, 폭소… 동네 빵집으로 몰래 군것질하러 가는 소녀처럼 나는 희희낙락. 옆에서 본 남편이 "누가 당신을 80이라고 하겠어. 이럴 땐 어린애야 어린애." "동생이 웃기잖아요. 그런데… 도너츠가 뭐예요? 고로케가 뭐드라. 갑자기 생각이 안 나네." 남편이 도너츠, 고로케 설명. 나는 딴생각하면서 듣고… 동생이 팥단빵 좋아한다니까 나도 금방 좋아진다, 자동인형같이. '종의 근성의 반사 작용'인가. 그리고 이런 글 읽으면서 나를 변명한다.

"매일 건강식만 먹으면 좋겠지만 쉽지 않다. 몸에 좀 나쁜 것은 알아도 입에서 쾌감을 만드니 먹게 된다. 그 순간에 스트레스를 날려 주기도 한다. 종종 화끈하게 입이 즐거운 식사는 즐거운 삶의 콘텐츠로서 가치가 있다고 생각한다."

오디차를 마시면서 생각하다

박 선생 댁에 들르니, 오디차를 내놓는다. 딸 시어머님이 오디를 직접 따서 만드신 거라고. 오디가 송이째 들어 있다. 향기로운 오디차를 마시면서 고향 들판을 생각한다.

강같이 큰 냇가의 넓은 들판, 그 들판을 사람들은 강변(江邊)이라고 불렀다. 그 온 들판이 뽕나무밭이고, 그 뽕나무에서 오디를 따 먹고, 봄누에, 가을누에 키울 때는 뽕 따는 수십 명의 아낙네들, 그 뽕을 따다가 저장하는 잠실 지하실 창고… 내가 '전국 주부 백일장'에서 장원하고(31세) 신문에 나니, 중 3때 영어 선생님이 신문을 보고 내게 전화했다.

"깽변(강변) 촌놈이 출세했네…."

나는 의아할 정도가 아니라 경악 수준으로 놀랐다. 그때까지 내가 '깽변 촌놈'이라는 생각은 내 의식 속에 전혀 없었다. 나는 강변 철학자 딸이요, 기○○ 손녀요, 공부 잘하는 우수 인간이라고 '아주 철없이' 생각했다.

지금은 그런 인간적인 것 말고 내가 창세전부터 예비된 '하나님 자녀'라는 생각으로 당당하고 떳떳하다.

하나님 자녀라는 것 이상의 든든한 기반(基盤)이 어디 있겠는가.

"곧 창세전에 그리스도 안에서 우리를 택하사 우리로 사랑 안에서 그 앞에 거룩하고 흠이 없게 하시려고 그 기쁘신 뜻대로 우리를 예정하사 예수 그리스도로 말미암아 자기의 아들들이 되게 하셨으니"(에베소서 1:4~5).

나는 창세전(創世前)에 예비하신 하나님의 소중한 자녀다.

무심결에 하는 말도 들으시는 하나님

"그들에게 이르기를 여호와의 말씀에 내 삶을 두고 맹세하노라 너희 말이 내 귀에 들린 대로 내가 너희에게 행하리니"(민수기 14:28).

'너희 말이 내 귀에 들린 대로 내가 너희에게 행하리니.'

우리가 날마다 하는 말을 하나님이 다 듣고 계시고, 들린 대로 다 내가 너희에게 행하신다는, 경고의 말씀이다.

내 젊은 날, 가정 형편은 어려운데도 교사 복직을 안 했다. 할 수 있었는데도. 현직에 있을 때 늘 가슴에 사표를 품고 다니던 나, 복직은 싫었다. 어린 생명 가르치는 것보다 내게 더 어려운 일은 없었다. 가난하게 사는 게 더 나았다. 그러고는 남편한테 미안한지, 가끔 이런 말로 남편을 달랬다.

"앞으로 내가 서울에서 가장 아름다운 거실을 만들어 줄게요." 그런 희망이라도 남편에게 주어야 할 것 같았다. 앞으로 실현 가능한 어떤 구체적인 계획도 없이 막연하게 남편 기분 좋게 하려고, 지나가듯이 무심결에 한 내 말도 하나님은 들으셨다가 이뤄 주신다.

지금 우리 집 거실은 오래된 그림들이 많은 편이라, 나는 물론 남편에게도 색다른 아름다움과 쉼을 준다. 남편에게 아름다운 거실 만들어 준다는 약속이 어느 정도는 지켜진 셈.

그러나 나뿐이랴, 주부들은 저마다 자기 집에 아름다운 공간 하나는 가지고 있다. 어느 집은 서재가 훌륭하고, 화초가 있는 베란다, 편리한 주방이, 아늑한 골방이, 코너가, 뒤뜰이, 창밖이 아름답다. 그 집만이 가진 독특하게 아름다운 공간이 있다. 내가 가서 본 집들 중에 그런 아름다운 공간 없는 집은 하나도 없다. 다 다르게 있다.

우리 목사야, 우리 목사야

기도를 많이 하신 그 할머니. 어린 손녀를 부를 때마다 "우리 목사야, 우리 목사야" 하신다. 어린 손녀는 자라서 목사가 되고. 그 어린 손녀가 해남 최 목사님(77세).

그가 6년 전에 500만 원 들여 넓은 텃밭에 심은 황칠나무 200그루가 지금은 숲을 이루어 반짝이고 있다. 심어 놓고 풀 한 번 안 매 줬는데도 잘 자란다. 황칠나무 가지, 작년에는 50만 원어치 팔기도 하고… 오늘은 장에 가서(승용차로) 갈치 사다가 구워서 점심 자시고.

"근데 선생님, 지난번에 오리 백숙하면서 황칠나무 가지 몇 개 꺾으려니까 아까워요…."

"영암 서대우 장로님도 트럭으로 감 실어 내면서 가지 몇 개가 꺾어졌는데 그렇게 마음이 아프더라고 하십니다. 내가 키운 자식 같아서 그렇겠지요."

"아픈 게 아니고 아깝다고요."

그냥 지나칠 만한 내 표현인데도 자기 느낌을 정확하게 표현하려고 즉시 고쳐 주신다.

'아깝다'와 '아프다'는 같은 듯하면서도 심도(深度)가 다르다. 언행에 과장이 없고 남의 말 절대(?) 안 하시는 정직, 정확한 최 목사님께 오늘도 배운다. 내가 배운 또 한 가지가 있다. 목사님 집 뜰에 황칠나무 200그루 숲이 들어서니 옆집에서 답답하다, 한다고. 그 말씀에 내가 반문한다.

"황칠나무 숲이 옆에 있으면 시원하고 공기도 좋고 한데 왜 답답하다고 할까요? 참 이상하네요."

"그 사람 입장에서는 답답하기도 하겠지요. 사람마다 다 입장이 다르니까요."

그리고 최 목사님은 옆집 아주머니와 나눈 대화를 들려주신다. 최 목사님이 먼저 그 아주머니에게 말한다.

"다른 사람에게 피해 안 주려고 했는데… 그게 내 삶의 목표인데, 이렇게 돼 버렸네요. 그것도 마음대로 안 되네요…." 그 말을 받은 옆집 아주머니의 대답.

"어디 그것이 마음대로 되던가요."

옆집 아주머니의 말씀이 부드러워진다. 그들은 이웃 간에 싸움이 될 수도 있는 일을, 서로 점잖게 대화하고 소통하면서 이해하게 된다. 옆집 아주머니의 섭섭함도 자연스럽게 많이 녹아지고… 누가 고개 숙이고 자책하는데, 침을 뱉겠는가. 상대의 입장이 이해가 되는데, 어떻게 오해하고 분노하겠는가.

이름이라도 불러 주세요

오래전 일이다. 어느 인생 후배가 시집가서 시부모와 함께 사는 얘기를 해 준다. 교회에서 중직을 맡고 있는 시아버지는 성경을 100독(?)한 존경받는 분인데 사고방식은 성경적이지 않고 가부장적. '말씀 따로 생활 따로'라고 한다.

지난날 보면 기도 많이 한다는 사람은 내가 보기에 무서워서 피했다. 얼굴에 권위가 나타나 있다. 기도 많이 하는 분들은 '더 많은 사랑의 얼굴'이어야 하는데, 더 많이 위엄 있게 굳어 있는 경우가 많았다. 흔히 기도 많이 한 사람은 영권(靈權)이 있다고 한다. 온전한 영권 가지신 하나님은 사랑이시다. 예수님도 인자와 긍휼이 넘치는 사랑이시고.

그런데 왜 사람은 기도 많이 하면, 영권이라는 권위의 옷 입고 무서워지는가.

내가 아는 기도 많이 하는 분이 있다. 누가 기도 부탁하면 기도하다가 밤중에도 새벽에도 교회로 뛰어가는, 기도가 생활인 분이 내게 기도 부탁한다. "작가님, 기도하실 때, 우리 아이들 이름이라도 불러 주세요…."

기도 많이 못하는 나 같은 사람에게, 기도 많이 하는 분이 저렇게 겸손하게 기도 부탁하다니… 무거운 책임이 느껴지나 이 잠언 말씀을 붙잡는다.

"사람이 교만하면 낮아지게 되겠고 마음이 겸손하면 영예를 얻으리라"(잠언 29:23).

내게 기도 부탁하는 그 겸손한 어머니는, 자기 자녀 위해서 얼마나 마음 다해 기도하면서 겸손하게 양육할 것인가. 내게 기도 부탁하는 그 어머니의 겸손한 마음을 하나님이 받으시고 그 자녀들을 주 안에서 영예롭게 하시기를!

상대가 겸손하면 내가 행복해진다

오랜만에 순임 님한테 안부 전화한다. 두 번이나 해도 안 받는다. 얼마 뒤에 그가 전화한다. "선생님 제가 전주에 가느라고 가방에 있는 핸드폰 소리를 못 들었네요. 선생님이 전화 두 번이나 하셨네요…."

"궁금해서, 잘 있나 하고. 따님도 잘 있지요 미애 씨."

"예 다 잘 있어요. … 선생님 언제 한 번 오셔요."

"가고 싶은데 코로나 때문에…."

"제가 어디서 들은 게 이것이 1년도 간대요."

"그런다고 하네요… 그럼 잘 있어요."

"선생님도 건강하게 잘 계셔요. 바깥 선생님도 건강하시고요."

순임 님과 전화하고 나니 마음이 편안해진다. 그의 겸손함 때문이다. 그가 내게 별다른 말 하지도 않았다. 보통 안부 말인데도 그가 하는 말 속에 담긴 '무한한 겸손함'이 나를 편안하고 즐겁게 한다. 상대가 겸손하면 내가 행복해진다. 상대가 교만하면 우울하고 슬퍼지고.

소고기 몇 근보다 라면 몇 개가 더 좋을 때

얼마 전 동생이 내가 속이 안 좋다고 했더니, 김치 담그고 쇠고기 사고 호박죽 쑤어 가지고 왔다. 그다음에 한번은 호박죽 쑤고, 집에 있는 것이라고 라면 몇 봉지 들고 왔다.

지하철 이수역 쉼터에서 만났는데, 그가 전에 몇 번 가지고 온 소고기 몇 근보다 라면 몇 봉지가 훨씬 더 감동적.

사람 마음이란 알 수가 없는 것. 마음이란 이상해서 큰 것 속에도 들어가고 작은 것 속에도 들어가나, 작은 것 속에 더 잘 들어가는 것 같다… 온 인류를 구원하신 광대무변(廣大無邊)한 사랑으로 십자가 지신 예수님. 그런데 그 광대무변한 하나님(예수님)은 지극히 작은 자 하나가 자기 자신이라고. 그러니까 광대하시기도 하고 지극히 작은 자도 되신다.

마태복음 25장에 보면 "…지극히 작은 자 하나에게 한 것이 곧 내게 한 것이니라… 지극히 작은 자 하나에게 하지 아니한 것이 곧 내게 하지 아니한 것이니라"(마태복음 25:40, 45).

창조주 하나님은 큰 자, 작은 자 다 품으시려고 '광대하셨다, 지극히 작아지셨다' 하신다.

동생의 재능 기부

지금은 재능 기부 시대라고 한다. 그런데 옛말에, 한 가지 재주 없는 사람 없다고 한다.

요즘 유명 연예인이나 예술인들이 자기 재능을 기부해서, 사람들은 재능 기부를 특별한 사람이나 하는 것으로 알고 있다. 그러나 누구나 가진 자기 재주나 은사를 남을 돕고 위하는 데 쓰면 다 재능 기부라고 생각한다.

70대에도 건강한 내 동생들. 오늘은 한 동생이 경동시장에 가서 좋은 고기와 채소를 많이 사 가지고 왔다. 다른 동생 집에서 그 고기 구워서 우리 세 자매가 점심 잘 들고 즐거워하는데, 재능 기부 얘기가 나온다. 오늘, 고기와 쌈 채소 사 가지고 오느라 수고한 동생이 말한다.

“나는 기부할 특별한 재능이 없다고.” 내가 대답한다.

“아니야. 오늘 네가 한 일도 훌륭한 재능 기부야. 네가 건강하니까 먼 데 시장까지 가서 시장 봐다가 우중충한 장마에 형제들 점심 잘 먹이는 것, 그것도 훌륭한 재능 기부다. 그리고 네가 조용히, 어려운 사람 보살피고도 다 잊어

버리는 것은 더 훌륭한 재능 기부다.”

내 말에 동생은 잠자코 있고… 동생은 큰돈으로 어려운 사람 많이 돕고도 기억하지 못하고 잘 잊어버린다. 많이 돕기에 하나하나 일일이 기억하지 못하고 잘 잊어버리는 것 같다.

그렇다면 내 재능은 뭔가?

가끔 친구나 독자의 전화 잘(?) 받고, 그의 이야기를 오래 들어주는 것, 그것도 내 재능이다.

사람이 거처하는 공간을, 그 사람 정서가 편안하게 쉴 수 있도록 아늑하게 만들어 주는 '공간의 생산'도 내 재능이라면 재능이고. 남 섬기는 자리에 쉽게 들어가는 것도 내 재능이 아닐까. 아직은 미숙하고 불완전하지만.

해찰하다가 늦었냐?

남편은 고등학교 친구들 모임이 끝나고 집에 오면 친구들에게 전화한다. 어제 낮, 남편은 친구들 만나고, 마트에 들러 부식 사 가지고 와서 씻고 물 한 모금 마시고 어느 친구에게 전화한다.

"너 왜 지금까지 집에 안 들어갔냐? …어디서 해찰했냐?"

옆에서 듣는 내가 막 웃는다. '어디서 해찰했냐?' 한참 웃다가 남편에게 묻는다.

"당신이 해찰했냐고? 하는 말이 너무 우스워요. 아이구, 귀여워라. 90세 가까운 노인들이 집에 가면서 무슨 애들같이 해찰을 할까?"

"집에 들어가기 싫으면 몇 정거장(지하철) 더 가는 거야. 친구 만나러 갈 때도 약속 시간보다 이르면 몇 정거장 더 가기도 하고, 내려서 여기저기 서성이기도 하고. 해찰하는 것이지. 우리는 만나면 어릴 때 쓰던 말을 많이 써."

"그래요. 그렇구나, 재미있네."

다음에 오빠 만났을 때, 이 이야기를 했더니 오빠도 웃으면서 말한다. “옛날에 집에 가기 싫은 애들이 산 밑에 앉아서 놀다 가지. 집에 가면 소꼴 먹이라고 하고 일을 시키니까.”

가난한 산골에서는 아무리 초등학교 어린애라도 집안일이나 농사일을 도와야 했다. 무한정 놀고만 싶은 아이들은 귀가 도중에 실컷 놀다가 간다. 어른들은 애들이 학교 가거나 심부름 갈 때, 꼭 하는 말이 있다.

“해찰하지 말고 곧장 오너라.”

아이들은 산굽이를 몇 개나 돌아서 가는 귀갓길이 심심하다. 길가가 바로 산 밑인데, 야산 밑 풀밭이나 근처 큰 바위 위에서 놀다가 해가 넘어가려고 하면 집으로 간다. 부모님의 꾸중도 이 즐거운 해찰을 막지 못한다. 해찰은 그 가난한 시대 일하는 아이들의 마음이 쉬는 시간이요, 누구에게도 구속 안 받는 자유로운 시간.

요즘 어린이들은 해찰할 틈도 없이 공부방에, 학원에 가야 한다. 어른들도 해찰할 틈이 없이 분주하다.

사람에게는 ‘건전한 해찰’이 필요하다고 본다.

화려한 외출

그날, 전날부터 나는 괜히 들뜨고 즐거웠다. 내일 스케줄을 앞두고. 이름하여 '화려한 외출'. 내가 이 나이에 누구 만나러 가는데, 이렇게 즐거울까? 나는 다음날 동생 집으로 가서, 같이 동생이 소개한 집 도배하시는 이(李) 사장님 부부를 만나러 간다. 그는 집을 도배할 때, 형광등 안까지 청소해 주고 그 주위까지 말끔히 도배하고 집 안에 손볼 곳이 보이면 조용히 고쳐 놓는다. 조용히 정성 다하시는 모습에 동생은 감복했고, 나도 알게 된 분이다.

도배 현장, 그들의 일터에서 그들 부부를 만난다는 설렘, 화려한 외출 앞두고 전날 밤, 남편에게서 카드도 받아 놓고.

나는 유명한 이를 만나고 싶은 생각은 전혀 없다. '유명하다는 것' 그 자체가 내 마음을 안 끌어간다. 유명함으로 자기도 모르게 유명이라는 투명 옷을 한 꺼풀 입고 있어, 순수하기가 어렵다. 무명의 꽃이 향기로운 것처럼 평범한 사람의 숨은 조용한 미덕이 아름답다.

조금이라도 남을 도우면서 사는 사람은 존귀하다.

사람과 사람이 나누는 이야기

이(李) 사장님(인테리어) 부인이 내 독자라고 해서 책 5권 들고 동생 집으로 갔다. 동생이 소개해서 사장님 부부가 작업하고 있는 어느 아파트로 간다. 안방 도배가 끝나고 거실을 도배하고 있다. 흰 페인트 얼룩이 묻은 오래된 낡은 작업대가 보인다. 사장님은 그새 머리가 희끗했고 부인은 아직도 고운 모습 그대로다. 그들도 우리도 마스크를 쓰고 있기에 간단히 인사만 나눈다. 나는 그들 부부에게 인사한다.

"오늘 저는 어떤 유명 인사 만나는 것보다 명예롭고… 만나고 싶어 하는 저를 거절 않고 작업하시는 현장까지 오게 해줘서 고맙습니다. 우리 집 벽지도 얼른 도배할 때가 되었으면 합니다." 부인이 받으신다. "도배는 가구도 치우고 해야 하니, 너무 힘들어요. 나이 드신 분들은 그냥 사시는 게 좋아요." 부인 말씀은 날 생각하는 말씀으로 안 들리고, 우리 집에 도배 안 해 주려는 변명 같아 서운한 마음이 든다.

부인과 나, 내 유익보다 '남의 유익'을 구하는 말이다.

사람과 사람이 나누는 이야기이다.

판단(判斷) 중지(中止)!

어디서 읽은 글이다. "…남의 이야기를 한다는 것은 재미있는 일이요, 이해관계 없이 남의 험담을 한다는 것은 참으로 재미있는 일이다. 이런 재미도 없이 어떻게 답답한 이 세상을 살아간단 말인가. 내가 외국에서 가장 괴롭던 것은 남의 험담을 하지 못하던 것이다. 남의 말을 해서는 안 된다는 사람은 위선자임에 틀림없다. 수십억이 된다는 모 부정 축재자의 아내가 집을 뛰쳐나와 타이피스트가 되었다는 이야기를 왜 하여서는 아니 되는가?"

어느 노 시인의 수필에서 읽은 정직한 글. 인간적, 문학적으로는 공감이 가나 성경적으로는 곤란해진다. 성경은 남을 판단하지 말라고 한다. 판단 중지! 이해관계 없이 하는 남의 험담도 일종의 판단, 부정 축재자의 험담도 해서는 안 될까? …어느 목사님 말씀을 생각하면서 답을 찾는다.

"정치가 어떻니, 교회가 어떻니, 남의 자녀가 어떻니, 말고 지금은 조용히 집에서 성경 읽고 기도할 때." 나를 들여다보면서 어떻게 살아야 할 것인가, 깨닫고 실천할 때라고.

뉴욕의 모든 심각함은 공원에서 숨을 쉰다

우리 집 거실에는 진한 갈색 긴 나무 의자가 있다.

시원하고 위생적이라 내내 애용했지만 요즘엔 그 진한 색이 어두워서 싫어진다. 더구나 길고 우울한 장마가 계속될 때는 밝고 온화한 색이 그리워진다. 외출했다 지쳐 들어온 시선에는 그게 더 싫다. '외출'이 몰고 오는 피곤과 권태와 아픔을 안고 돌아오면 나는 거실에서 그림을 보면서 쉰다.

그날도 쉬려는데, 그 진한 갈색이 거슬려서 그 무거운 장의자를 동향 방으로 혼자 옮기고 기진맥진해서 쉬고 있는데 친구 전화다.

"당신 목소리 들으니, 안 되겠네요, 좀 쉬세요."

친구는 전화를 끊는다. 얼마 뒤, 다시 살아나서 생각한다. 늙으니까 편안하고 부드럽고 아름다운 색이 좋구나.

"뉴욕의 모든 심각함은 공원에서 숨을 쉰다."

나는 하루의 피곤과 권태 아픔 등, 나의 모든 심각함은 거실에 있는 그림 앞에서 숨을 쉰다.

거실 전면에 있는 두 그림(대형)은 며칠 전에 북향 방에서 옮겨 놓은 그림이다.

모네의 「수련」과 「양산을 든 여인」 그 그림 앞에서 숨을 쉬고 있는데 남편이 들어온다. 한참 뒤 자리에 앉은 남편이 약간 메마른 목소리로 말한다. "이 우산 쓴 여자를 저쪽으로 좀 옮기지. 달력이 안 보이니까."

'우산 쓴 여자'는 「양산을 든 여인」을 남편이 약간 비하해서(?) 하는 말 같다. 나는 질겁한다. '아니 달력보다 이 명화(名畫)가 못하단 말인가. 나도 양보 못한다.'

부부는 서로 하루의 피곤을 푸는 방법이 다르다.

남편은 청결하게 정리정돈된 단정한 주위 환경에서 쉼을 얻는데, 갑자기 북향 방의 큰 그림 두 점이 전면에 놓이니 갑갑했을까, 전에 잘 보이던 달력을 그림이 가린다고 불만인 말투. 그런 남편 의견도 존중되어야 한다. 달력을 남편 시선이 잘 닿는 다른 곳으로 옮기면 된다.

거실은 두 사람의 공유 공간이니까.

신사는 자기 얘기를 많이 하지 않는다지만

신사는 자기 얘기를 많이 안 한다고 한다. 내 애기를 많이 하는 나는, 그러므로 신사(숙녀)가 아니다. 소설가는 자기 얘기 가장 많이 한다고 본다. 어디에? 자기의 작품 속에서. 작품 속에 나오는 주인공은 물론 등장인물의 말은 다 작가의 말이라고 해도 된다. 내 경우에 그렇기 때문이다.

모든 소설 속에 나오는 인물들의 말은 작가의 삶, 사상, 영혼에서 우러나오기에 결국 작가의 말이다.

'일상생활이 예배'라는 말을 생각하면 나는 가끔 성경 요셉의 이야기가 떠오른다. 요셉은 이집트 총리로서,

"그의 뜻대로 모든 신하를 다스리며 그의 지혜로 장로들을 교훈하게 하였도다"(시편 105:22).

그의 뜻과 지혜는 어디서 만들어졌을까? 그는 오로지 종살이 옥살이 한 경력밖에는 없다. 바로 그가 어린 노예(17세)로서 가장 비천한 일이나 하는 종살이부터 시작해서, 무서운 옥살이까지, 그의 20(?)년 일상에서 터득한 것이리라.

어떤 일상 속에도 있다. 그 사람이 위대해지는 인생의 교

훈과 지혜가.

한번은 명문대를 나온 친구가 말한다.

"기일혜 씨 출세했어. 그런 대학에 가서 교수들 앉혀 놓고 얘기하고."

그 대학교 모 학장이 내 애독자라 그분의 주선으로 몇 교수와 그 제자들 앞에서 내가 얘기한 적이 있다. 친구는 그걸 두고 하는 말. 나는 말문이 막혔다. 내 머릿속에는 학벌, 명문대 같은 건 전혀 없었기 때문이다.

내가 문학 수업 없이 소설가가 됐듯이, 내가 얘기하는 건 명문대에서도 가르쳐 주지 않는다. 내가 비근한 일상의 곤고한 삶 속에서 가슴 조이며 배운 것들이다.

내 얘기가 너무 길어졌다. 신사는 못 된다. 신사 될 마음도 없다. 나는 허드렛말이라도 많이 하면서 사람을 좋아하고 사람과 좋은 관계를 유지하면서 살고 싶다.

눈 오는 날 숲길 걷는 노인

동생이 내게 전화하는데, 고조되어 아주 감동한 목소리다. "언니, 오빠가 '눈깔사탕 값'이라고 또 10만 원 보냈네. 내가 다음에 통장 보여 줄게. 통장에 적혀 있어, 우리 오빠 참 멋있지." "언젠가도 너한테 눈깔사탕 값이라고 보냈지. 어제도 눈이 오는데 서울숲을 걸었다고 하더라… 눈 오는 광경을 더 보려고 버스 타고 한강 어디로 갔는데, 눈이 안 오더란다." "나는 어제 눈이 너무 많이 오고, 미끄러워서 마트에도 가려다 말았는데…."

"오빠는 피곤이 뭔지도 모른단다. '사람들이 피곤하다고 하면 뭔지 모르겠다'고 하더라. 오빠 생명(86세)은 연구 과제야." 사람은 다 연구 과제. 사람을 알려면 사람 만드신 하나님 말씀인 성경을 믿고 배워서 창조주를 알면, 그가 만든 인간도 알게 되고 인간관계에서도 승리할 수 있다. 인생 승리는, 양보하고 져 주고, 손해나 주고, 죽어 주고, 잠잠히 당해 주는 것. 이 사랑의 무기로만 승리할 수 있다. … 죽음 너머 삶에까지 이르는 '영원 승리'를 나는 지금 말하고 있다.

조 선생님이 좋아하는 가수

4호선 지하철역 삼각지 쉼터에서 마스크 하고 동생과 만난다. 자꾸 누가 나를 보는 것 같아서 뒤를 돌아보니, 쉼터 내 자리 바로 뒤에 「돌아가는 삼각지」의 가수 배호의 동상이 서 있다. 그의 대표곡 중 하나인 「돌아가는 삼각지」에서의 삼각지를 기념하기 위해서, 삼각지 지하철역에 그의 동상을 세워 놓은 것 같다. 그런데, 금(金)물을 입힌 듯, 눈이 부시게 번쩍번쩍하는 그의 동상. 가수 배호가 이 동상을 보면 어떤 마음일까 하면서 조 선생님의 이야기가 생각난다.

작년에 영암에 가서 조 선생님 댁 근처에 있는 '한국트로트 가요센터'에 들렀다.

조 선생님의 박학다식한 안내를 받으면서 따라다닌다. 한마디라도 안 놓치고 배우려고 귀를 기울이는데, 갑자기 내게 물으신다. "기 선생님은 어느 가수를 좋아하십니까?"

별로 생각 안 해 봐서 얼른 대답 못하고 머뭇거리자, 선생님이 먼저 말씀하신다.

"나는 배호를 좋아합니다."

의외로 젊은 말씀이다. 그 뒤에 나도 그 가수에게 관심이 가는데, 그에 관한 글을 어디에서 보고, 그 일부를 여기에 옮긴다. 조 선생님께 들려 드리는 마음으로.

"…그는 중후한 저음과 바이브레이션이 두드러진 목소리, 게다가 중절모를 쓴 탓에 다들 중년 신사로 오해했다. 하지만 당시 가수는 25세였다… 배호는 「돌아가는 삼각지」에 이어 「안개 낀 장충단공원」의 연이은 성공으로 가수의 정상에 올랐다. 그 성공을 시샘하듯 병마가 덮쳤다. 나이 24세, 신장염이었다… 그가 부른 노래는 300여 곡… 그는 서른도 채우지 못한 채 「마지막 잎새」를 부르며 쓸쓸하게 한 잎 낙엽으로 떨어졌다."

배호의 '중후한 저음' 속엔 무거운 슬픔이 녹아 있어서, 그의 어떤 노래들은 명곡이 되었나. 나도 그 가수가 좋아지려고 한다. 지하철 삼각지역 동상에서도 그의 무거운 슬픔을 느꼈으면 하지만, 이건 순전히 내 개인적인 바람이다.

세상에서 가장 행복한 때

누가 내게 물었다. 지금까지 가장 행복했을 때가 언제였느냐고. 나는 그런 생각 안 해 봤다고 하면서 있는데, 그는 첫아들 낳았을 때가 가장 행복했다고. 어떤 이는 자녀들이 원하는 대학에 들어갔을 때, 누구는 결혼시킬 때라고 하고. 여기까지는 보통 있을 만한 이야기들이다.

그런데 동생 친구가 말한 행복 이야기는 특별했다… 초등학교 3학년 땐가, 반에서 도난 사건이 일어났다. 선생님은 학생들 하나하나에게 심문하듯이 물었다. 그 물건 네가 안 가져갔느냐고? 동생 친구는 자기 차례가 올 때까지 가슴 조이고 있는데, 선생님이 자기에겐 물어보지도 않고 지나갔다. '이 학생은 남의 물건 훔칠 애가 절대 아니다'라고 믿었기에. 그때! 선생님이 자기 정직을 믿어 줄 때, 지금 70이 넘은 나이에도 그때가 가장 행복했다고.

어린 나이에도 정직에 가치 두고 산 정신적인 소녀였다.

오빠는 미국에 공부하러(국비로) 갈 때가 가장 행복했다고.

나는 이렇게 글 쓰고 있는, 지금 이 밤이 가장 행복하다.

위대한 웃음

청옥 님 마중하는 날. 집안일하다가 좀 늦은 것 같아 부리나케 나가서 승강기에 오른다. 그는 지난번에도 약속 시간보다 일찍 오는 것 같아 급한 마음인데, 승강기가 10층에서 멈춘다. 이사 가는 집 큰 가구 둘이 기다리고 있다.

"어떡하지 늦어서…" 나도 모르게 중얼거린다. 그 소리를 들은 이삿짐센터 청년이 버럭 화를 낸다.

"이삿짐 나르는 사다리가 없으니까(승강기로 이삿짐 운반) 우리도 짜증나요. 주민들은 주민대로 짜증내고, 지금이 오후 한 시인데, 우리도 힘들다고요(점심도 안 든 모양)."

그제야 나는 청년의 고된 삶이 실감되어서 청년에게 무조건 빌다시피 말한다.

"사다리가 없어서 미안해요. 내가 짜증 낸 것 미안해요. 용서하세요."

청년의 표정이 약간 누그러진다. 1층에 내리니, 거기에는 이삿짐 받아서 대형차로 운반하는 중년 아저씨가 있다. 그를 보자, 나는 또 무조건 "죄송합니다, 죄송합니다" 하면서 얼굴도 못 들고 고개를 푹 숙이고 인사하니, 그 아저씨는 내가 안돼 보였는지, 의외로 해맑게, 활짝 웃어 준다. 아무런 말도 없이 함빡 백합처럼 웃어만 주는 아저씨.

그 웃음에 너무 놀란 나는 "아저씨 웃음이 좋아요" 하고 지하철역 쪽으로 급히 뛰어간다. 뛰어가다가 다시 그 아저씨에게 간다.

아저씨 웃음은 '좋아요' 정도가 아니다. 아저씨 웃음은 '위대하다'고 말해 드려야 한다. 그가 지금 얼마나 큰 보화를 가지고 있는지 알려 드려야 한다.

그 아저씨를 보자, 나는 말한다.

"아저씨 웃음은 '위대한 웃음'이어요. 그 말씀 해 드리려고 다시 왔어요."

아저씨는 여전히 선한 웃음을, 아기처럼 함빡 웃고… 옆에 섰던 청년은 멍한 표정으로 어리둥절해 있고… 내가 다급한 중에도 보니, 아저씨와 청년이 서 있는 그 언저리가 어떤 빛 속에서 환해지는 것 같다. 어디서나 인간 사랑이 머무는 곳은 밝고 환하고 따뜻하고 성스러워진다.

이런 거룩한(?) 경험은 하기 힘든데, 청옥 님 급히 만나러 가다가 일어난 일이라, 나는 청옥 님에게 고마워한다.

8월의 환상

8월 어느 날. 친구(70대) 마중 나간다. 그의 얼굴이 갑자기 잘 기억나지 않아 멍하니 섰는데 그가 어깨를 툭 친다. 그제야 그를 알아보면서 "당신 왜 그렇게 변했어요. 어떤 아가씨가 어깨를 치나 했어요. 머리를 짧게 잘랐구나. 헵번 같아요. 「로마의 휴일」에 나오는." "누가 들으면 정신 나갔다고 해요. 마스크 써서 그래요." "작가는 다 정신 나간 사람들. 맨 정신으로 글이 써지겠어요."

그날 친구는 갈색 주름치마에 눈이 시릴 정도로 흰 블라우스에 치자꽃 바탕에 검은 무늬 살짝살짝 있는 재킷을 걸치고… 그가 우리 집 거실에서 재킷을 벗으니 그 미가 약해진다. 미(美)는 살아 있다. 안타까워서 내가 말한다. "당신은 이 옷 꼭 입으셔야 해요." 눈부시게 흰 노슬리브 블라우스에 치자꽃빛 재킷은 그를 더 정순하게 한다. 친구는 무덥고 긴 장마로 지쳐 있는 내게 시원한 새 물 한 바가지 부어 주신다. 잠깐이지만 그는 내게 8월의 환상! 여성 그 자체가 환상이지만, 조화된 옷은 여성을 더 환상적으로 만든다.

미(美)에 대한 내 소욕에 대하여

지난번에도 손수건 많이 주셨는데, 이번에도 몇 장 가지고 오신 청옥 님이 내게 말씀하신다. "전번에 한 장도 안 가졌잖아요." 그가 귀하게 모은 아름다운 손수건 많이도 받아서, 그 자리에서 다른 분께 다 드린 무례한 내게, 이번에 또 가지고 오셨다. 민망한 내가 말한다.

"…그때, 당신이 주신 손수건들, 금방 남에게 다 드려 버린 나. 참으로 무례했어요." "한번 드린 건 어떻게 하시든 상관없어요." 초월자의 답이다. 나는 안 그렇다. 내가 아끼던 걸 누구에게 드렸는데, 그 자리에서 남 다 주면 좀 서운할걸. 서운한 건, 그걸 조금은 내 소유로 여겼다는 것.

내 소유욕은 그것뿐일까… 아아아, 내가 전에 누구에게 드린, 청옥 님이 주신 손수건들! 갑자기 떠오른다. 심히 아름답고 환상적이어서 감히 내가 못 쓰고 남에게 드렸던 것들. 그 손수건들, 어디에서 누구 마음을 황홀하게 할까. 그 아름다움, 한번 보기라도 했으면… 이 아쉬움도 소욕이다.

나는 미에 대한 소욕이 많은 부끄러운 사람이다.

샤갈 그림을 좋아하는 사람

샤갈 그림 전시회에 가셨다는 청옥 님. 그림 보신 이야기를 내게 재미있게 해 주신다.

"…'사랑꾼 샤갈'은 사랑의 기쁨을 하늘을 나는 것으로 표현했어요… 사랑할 때는 안 그렇겠어요. 사랑하는 사람과 하늘이라도 날고 싶지요."

그림 속의 하늘을 날고 있는 사랑하는 연인들을 보면 청옥 님 자신도 하늘을 나는 느낌이 든다고. 내 집에는 샤갈의 화집이 있지만 청옥 님이 좋아한 그림이 보고 싶어서 내게도 보내 달라고 부탁. 얼마 뒤, 샤갈 그림 3점을 그가 스마트폰으로 보내서 보고, 답장 보낸다.

"세 번째 그림의 여인이 청옥 님 같습니다. 첫 번째 하늘을 나는 여인도 청옥 님 같고. 그래서 당신이 샤갈 그림을 좋아하시는 겁니다."

"과분한 말씀…."

'청옥 님은 환상이 많은 여인이시구나.'

여인은 다 예측 불허의 아름다움을 지닌 환상이다.

또 뵈어요

어제 청옥 님과 만나고 헤어졌는데, 어제오늘 두 번에 보낸 그의 문자 편지다.

"…새 책이 나온다니 반가워요. 참 감탄스럽습니다.

또 뵈어요."

"…매미 소리가 요란한 걸 보니 어제가 입추였던 걸, 아는 모양입니다. 이별이 아쉬워서." …내가 답장 보낸다.

"이별이 아쉽다고 매미도 울어 대는데… '또 뵈어요'가 아쉬움을 달래 줍니다…."

입추가 지나면 가슴이 서늘해진다. 다가올 추운 겨울 생각에. 어둡고 외롭고, 이별, 죽음 같은 겨울이 오는데 '또 뵈어요'에 스며 있는 온기가 이 서늘함을 많이 가셔 준다.

우리는 끊임없이 따뜻함을 향해 가는 추운 존재들. 죽어 가는 병아리도 아궁이의 따뜻한 잿더미 속에 넣어 두면 살아난다. 외로워서 추운 이 계절에 다사롭게 감싸 줄 '따뜻한 잿더미'같이 푸근한 사람 그리워진다… 누가 날 만나자고 '또 뵈어요' 하지 않나, 기다리는 마음으로 있는 오늘.

보리수 열매 주스

보리수 열매 주스를 처음으로 마셨다. 친구네 집에서 농사짓는 밭 위의 산에서, 그의 남편이 보리수나무에 열린 선홍색 열매를 땄다. 여름 대낮인데도 모기가 어찌나 사나운지 팔을 모기에게 다 뜯겼다. 그렇게 딴 보리수 열매를 꿀에 재서 담갔다, 갈아서 주스로 마시면 그 색과 맛이 일품이고 보약도 된다고. 친구 남편은 귀한 보리수 열매 주스는 자기가 애써서 따다가 만든 것, 몸 약한 자기가 먹어야 하니 친구들에게 주지 말라고, 주기 잘하는 아내에게 미리 당부했다. 그러나 그날 우리 세 사람이 만나는 모임에 그 아내는 보리수 열매 주스 만들어 가지고 왔다… 이상하게도 그날 그가 따르는 주스는 어느 큰 병에서 한량없이 나오는 것처럼 내게 느껴졌는데, 나중에 보니 머그잔 한 잔 분량의 작은 병에 들어 있는 적은 양. 친구들에게 주려는 그의 무한 마음이 담겨져서 내게 무한하게 느껴졌을까… 마음은 마음을 느끼는 것. 이럴 때, 친구는 마치 자기 무한 마음을 행위로 나타내는 '행위 예술가' 같다면 비약일까.

4부

우리 집 밥상 푸르게, 푸르게

세상에 이런 좋은 일이

요즘은 열대야, 이른 아침 6시 못 돼서 아파트 광장으로 나간다. 잠이 없는 노인들이 벌써 나와서 의자에 앉아 얘기하고, 지팡이 짚고 천천히 걷는 남자 노인, 방금 병상에서 나온 사람같이 흐느적거리며 걷는 중년 여인도 있다.

나는 이들 모두를 피해서 관리실 앞에 있는 작은 숲길로 간다. 입구에, 요즘 한창 곱게 핀 구절초 모양의 노란 꽃 무더기를 보러. 한 20여 송이가 무리지어 피어 있는데 황홀하다. 그런데 그날은 꽃이 안 보인다. 없어졌다. 한 송이만 남았다. 장마 뒤에 정원 제초 작업하면서 싹 베어 버렸다.

'세상에 이런 나쁜…' 기분이 안 좋다. 그러다가 문득 저 한 송이라도 남겨서 다행이구나, 나도 모르게 '세상에 이런 좋은…'으로 바뀐다. 기분도 좋아진다. 한 송이라도 남긴 마음이 고맙지 않은가.

'좋은 말 하십시오. 좋은 말 하는 것은 사랑입니다.'

나 자신에게도, 꽃들을 베어 버린 그 사람에게도 좋은 말은 사랑입니다.

하나님은 모르실 거야

어느 목사님이 말씀하신다. 하나님이 우리에게 육체 주신 걸 감사한다고. 그리고 웃으면서 하시는 말씀. “하나님은 아기의 보들보들한 감촉도 모르실 거야. 시원한 냉면 맛도 모르실 거야….” 나도 웃으면서 계속 이어서 생각한다.

하나님은 동이 선 가을 상추 맛을 아실까. 모르실 거야. 묵은지 우려서 끓인 된장국 맛도 모르실 거야. 그리고 숭늉 맛도 모르실 거야. 커피는 왜 만드셨을까? …어느 독자가 남편이 좋아하는 노래 「당신은 모르실 거야」라는 가사를 적어서 남편이 운동하는 실내 자전거에 걸어 놓으니, 남편이 그렇게 좋아하더라는 얘기를 들었다. 하나님은 그 독자 남편이 「당신은 모르실 거야」 노래를 왜 그렇게 좋아하는지 모르실 거야, 하면서 나 혼자 웃는다… 영이신 하나님, 육을 가진 우리가 좋아하는 감각의 삶을 모르실 거야. 영이신 하나님을 우리는 육을 가진 예수님 통해서 알듯이… 그러나 아니야. 하나님은 다 아실 거야. 우리 육체도 만드셨으니까.

전지전능하시니까. 하나님 모르시는 건 없을 거야.

내 영혼을 품고 있는 친구

내 속에는 다양한 인성(人性)이 있어서 다양한 친구들을 좋아한다. 나를 다사롭게 받아 주는 사람, 김치 된장국에 더운밥도 해 주는 사람, 가난하면서도 진실한 사람.

어제는 내 무의식 깊은 속에 있는, 나도 잘 의식 못하는, 내 무의식에 있는 사람 하나를 발견한다… 내가 우편으로 보낸 책 받았다는 그 친구와 통화하고 마칠 때쯤, 그에게 나는 이런 인사말 한다. 내 책 위해서 기도해 줘서 고맙다는 뜻인데, 희미하게 기어드는 목소리로 말한다. "…저를, 기도보다 더 품어 주시고…." …전화 끊고 계속 밤에도 생각한다.

'기도보다 더 품어 준다'는 말이 무슨 뜻인가… 기도는 때로 의식적일 수도 있다. 그러나 마음에 품고 있는 건 그런 의식한 기도보다 더 깊은 곳에 자리하고 있다는 것 아닌가. 그가 나 위해서 기도한다고 말은 안 하지만, 기도한다고 하는 마음보다 더 깊은 속에 나를 품고 있다는, 내 믿음에서 나온 말. 본능적으로 자식을 마음에 품듯, 그의 영혼이 내 영혼을 품고 있다는 것… 내 영적인 부모같이.

선생님, 내 속에 가난이 있어요

남편이 내 스마트폰을 보고 하는 말. "당신 스마트폰 안 되겠데. 너덜너덜해서(케이스) 실[絲]이 다 나왔어."

"실이 나왔다고요? 어디가요? 나는 안 보이던데… 오늘 가져오면 돼요. 박 선생이 내 너덜너덜한 케이스 보고 자기 것과 똑같은 걸로 구입해 놓았어요. 그런데 내가 새것은 불편하다고 이걸 그냥 가지고 다녀요."

나는 박 선생 댁으로 가서, 새 스마트폰 케이스를 받는다. 받으면서 하는 말. "새것도 좋은 것이구나… 헌것은 헌것 대로 편안하고." "… 낡고 너덜너덜한 케이스 보면 마음이 편안했어요. 그거 하나만 봐도 선생님을 알 수 있어요. 누가 그렇게 낡은 걸 가지고 다녀요."

"누가 박 선생처럼 낡고 허름한 것 보고 편안해하겠어요. 낡고 오래된 것에서 평온을 얻는다는 '카프카 수준'이네요."

"선생님. 내 안에 가난이 있는가 봐요. 그래서 낡고 오래된 것 보면 편안해져요."

"당신도 반 고흐처럼 가난의 재능을 타고난 사람이네요."

시인과 친구들_ 두 번째 만남

숙이 님과 두 번째 만남은 긴 장마 속, 가끔 장대비가 쏟아지는 어느 날. 지하철 인덕원역 입구에서 친구의 차로 숙이 님을 맞이해서, 어느 식당 주차장에 내린다.

숙이 님은 연두색 여름 바지에 더 연한 연두색 샌들, 무명천같이 포근하고 풍신한 흰 블라우스. 비 오는 날의 우중충함을 씻어 주는 '눈부신 산뜻함' 상쾌하다.

숙이 님을 소개한 내 친구도 검은색 원피스에 흰 꽃잎 같은 미니 스카프가 그의 경건과 정숙 미에 귀여움을 더해 주고. 나는 여름이면 입는 베이지색 편한 바지에 블라우스. 편한 바지 두 벌과 블라우스 두 벌로 올여름을 나고 있다.

나는 이제 옷차림으로 말할 나이는 아니다. 삶의 경험과 지혜로 말해야 한다… 그날, 두 번째 만나는 숙이 님은 책 많이 읽고 글도 쓰는 선생님. 내 친구들은 거의 고령이라 책도 많이 못 읽고 외출도 부자유스러운데, 젊은 새 친구 숙이 님(50대 후반)은 시인의 감성에 지성이 더해져서 내 문학적인 허기를 많이 채워 준다. 노년의 내게 주신 복이다.

시인과 친구들_ 우리 집 밥상 푸르게, 푸르게

긴 장마가 계속되는 8월 어느 날이다.

숙이 님, 친구와 나 셋이서 만났다. 세 사람이 만나 차 마시면서 친구와 내가 남편 얘기하는데, 내가 먼저 한다.

며칠 전 아침, 남편이 식탁 반찬이 다 푸른 것을 보고, '식탁이 다 푸르네, 깍두기 있제, 붉은색이 좀 있어야지' 해서, 내가 깍두기 내놓으면서, 당신은 음식을 눈으로 먹는다고 했다 하니, 옆에서 듣던 숙이 님이 갑자기 "우리 집 밥상 푸르게 푸르게" 약간 운율을 넣어서 동요 한 소절 부르듯이 한다. 숙이 님은 매 순간 시인이다. 시인 옆의 친구도 오늘 그곳에 오기 전에 있었던 일을 얘기한다.

친구는 그날 만나는 친구들, 숙이 님과 내게 뭘 주려고 잔뜩 들고 나오는데, 남편이 "뭘 그렇게 가지고 가지?" 해서 "아아 아무것도 아니어요, 아니어요" 하면서 안 보이는 쪽에다 놓으면서, 남편이 보려는 마음을 물리쳤다고. 혹시라도 인색한(?) 남편 마음이 조금이라도 묻을까 봐 차단했다고. 정결하게 드리고 싶어서. 친구는 그때, 순결한 우정을 행동으로 표현한 시인이다.

나도 소설가로 등단했을 무렵, 처음엔 문인들 모임에도 잘 나갔다. 시인 친구와 같이 여성 문학회에 나가면 어느 시인이 "기일혜 씨는 소설가 안 같고 시인 같아" 하는 말을 들었다. 그러니, 그날은 세 사람의 시인이 만난 셈이다.

우리는 누구를 사랑할 때, 다 숭고해진다. 정서가 최고로 맑아지고 연해지고 감성이 '잎새에 이는 바람에도 괴로워'하는 시인이 된다.

숙이 님이, '우리 집 밥상 푸르게, 푸르게' 하니, 반찬이 '어떻고 저떻고' 하는 따분한 밥상이 아니라 푸른 나무 그늘 아래 차려진 신선하고 즐거운 식탁이 된다.

시(詩)는 우리의 누추한 삶을 드높이 끌어올린다.

감미롭게, 아름답게, 때로는 심오하게.

시인과 친구들_ 목적이 있는 돈

두 번째 만남에서 숙이 님이 주신 선물. 동행한 친구와 내게 똑같은 봉투에 똑같은 마음을 담아서 주신 공평한 선물이다. 이번 여름 가족 휴가비를 조금씩 모았는데, 열흘 휴가 마치고도 남아서 이 돈을 목적 있는 곳에 쓰고 싶다고 하면서, “이건 목적이 있는 돈입니다.” 어떤 목적? 한마디로 하나님이 기뻐하시는 곳이나 사람에게 쓰이는 걸 말하는 것 같다. 내가 그런 사람 속에 들어갈지 의문이지만. 숙이 님은 내 글 중 어느 대목을 읽듯이 말해 준다.

어느 지방에 가서 내가 잘 차린 아침 상 받고(그때 나는 토사곽란으로 서글프게 밥상 앞에 앉음) 반찬 없는 밥상 마주할 남편 생각하며 쓴 글이다. 그런 남편과 같이 외식 한번 잘 하라고.

친구도 나도 거절 못하고 받아, 집으로 와서 남편에게 내민다. “당신 좋아하는 음식으로 외식하세요. 어느 분이 당신 꼭 드리라고, 하도 경건하게 말씀하셔서 거절도 못 하고.”

나중에 약간 억울해하면서 생각하니,

‘목적이 있는 돈’이라는 숙이 님 말에 내가 압도당했다.

시인과 친구들_ 준비된 악(惡)이 준비 안 된 선(善)을 이긴다

숙이 님의 친구이고 내 친구인 그에게 전해 들은 사연이다. 숙이 님은 그날, 나를 처음 만난 날. 내가 책 10권 메고 가서 자기에게 준 걸 놀랍게 받아들였다. 집에 가서 책 10권 들어 보니, 자기가 들기도 힘들게 무거웠다고. 나이 많은 분이 이렇게 무거운 걸 들고 와서, 그 사랑의 빚 꼭 갚아야지 하면서 마음이 너무 아려 잠을 못 잘 정도였다고.

그는 휴가 중에 친구가 준 내 책 7권을 몰아 읽으면서 10여 번이나 친구에게 전화했다. 작가를 몇십 년 알고 지내는 내 친구에게 내 글에 대한 배경과 의도나 의미를 확실하게 알고 싶어서. 사람에게 관심을 보내는 자, 질문하는 자는 아름답다, 자란다. 자라나서 미래를 지배한다.

"선이 악에게 당하는 건 준비 안 하고 있기 때문이다."

악은 치밀하게 계획 세워 오래 준비하기에, 준비된 악에게 선은 속수무책으로 당하고 만다는 것. 숙이 님은 선한 계획으로 내 결벽을 앞세운 이기심을 공략했다. 자기가 준비한 봉투는 둘. 숙이 님은 사전에 내 친구에게 그 봉투 먼저 받으라고 말했다. 그러면 내가 거절하기 곤란할 것이라는 생각에서(?). 그는 이렇게 면밀하게 선한 계획 세워 내 이기적인 악일 수도 있는 내 결벽을 공략했다. 나는 힘없이 무너진다. 그가 이런 공략하리라곤 전혀 생각 안 하고, 마음 준비 안 했기에. 얼마나 어리둥절했는지 나는 친구가 봉투 받는 것도 멍하니, 강 건너 불 보듯이 보면서 엉겁결에 나도 같이 받은 것 같다. 그의 영적 설득력에 압도당해서. '목적이 있는 돈' 주님이 주신 돈, 안 받으면 안 될 것 같은, 어떤 두려움까지 들면서.

그리고 그가 그 앞서 말한, 이런 말에도 내가 영향 받은 것 같다. '고추 꼭지(50근) 따고, 순임 님이 주는 김치, 내가 받았어야 했다는' 그의 질책성 발언에 내가 많이 기죽어 있었고. 내 결벽만 앞세워 순임 님 마음에 아픔을 주지 않았나 하는 의구심에 약간 혼란스럽기까지 하고. 혼란스런 중에, 흰 봉투에 담아 내미는 그의 마음을 내가 어떻게 거부하겠는가. 거부할 여력이 없었다.

준비된 선에게

준비 안 된 내 악(결벽, 편협한 이기심)이 진 것이다.

시인과 친구들_
순임 님 김치는 받았어야지요

숙이 님과 두 번째 만났을 때. 그는 이런 말도 한다.

"작가님, 순임(41집에 나옴) 님이 주는 김치는 받았어야지요… 그 김치 받아서 순임 님 마음을 좀 편하게 해 드려야지요."

고추 꼭지를 50근이나 따 주고 김치도 안 받으면 순임 님 마음이 얼마나 불편하겠느냐, 왜 상대의 마음은 헤아리지 못하고 내 결벽만 주장하느냐는 항의 섞인 반론이다.

이런 얘기 많이 듣고 산다. 뭘 그렇게 깨끗하게 살려고, 내 입장만 주장하고 남의 맘은 무시하느냐고. 주는 사람 맘도 받으면서 살지…. 지금도 가슴 아픈, 가난한 할머니의 돈 만 원! 오래전, 나를 배웅하는 시골 어느 교회 차 안에서 "강사님 가다가 시장하시면 음료수라도 사 자셔요" 하면서 내미는 할머니의 돈 만 원을 나는 거절한다. 내가 받으면, 그때 돈 못 준 다른 교인들 맘이 어떠하겠는가… 그러나 강사에게 거절당한 할머니 마음, 지금도 아프다. 아파야 한다.

공인은 독할 정도로 깨끗해야 한다. 오해 받든 욕을 먹든, 그것도 공인인 내가 감당해야 할 내 몫의 삶이다.

시인과 친구들_
거지 근성은 겸손함이다

내가 '거지 근성'이 있다고 하면 어떤 이는 모호한 표정을 짓기도 하고, 어떤 이는 '그건 아니지,' 그건 자신을 너무 비하한 표현이라고 약간 부정적이고 못마땅한 표정을 짓기도 한다.

이번에 숙이 님 만나서도 무슨 얘기 끝에 '나는 거지 근성이 있어요' 한다. 나도 내가 왜 그러는지, 왜 좋은 걸 내가 쓰거나 먹으면 아깝고 누군가에게 주고, 내가 안 좋은 걸 쓰거나 먹어야 맘이 놓이는지 나도 잘 몰라서. 이런 내가 어느 땐 싫고 이상하기도 해서, 알아줄 만한 사람 만나면 이런 말이 튀어나온다.

숙이 님 앞에서도 이 말을 하자, 그는 단번에 지체하지도, 힘주지도 않고 얼른 말한다. "겸손해서 그래요." 내 마음 눈이 번쩍 뜨인다. 바로 내 거지 근성 속엔 겸손함도 들어 있었구나. 저렇게 쉽게 한마디로 내 거지 근성을 해석해주다니… 그 말씀에 일리는 있으나, 그렇다고 내가 겸손하다고는 생각 안 한다. 나는 교만할 때가 많은 사람이다.

시인과 친구들_
독자들은 기일혜 작가의 어떤 글을 좋아할까

내가 친구 숙이 님을 두 번째 만났을 때. 내 글에 대한 그의 독후감이, 지나가듯이 하는 그의 말 속에 들어 있다. 정색하고 하는 말보다 지나가는 말로 가볍게 하는 얘기가 더 진솔한 자기 의견이고 자기 느낌일 수도 있다. 자연스럽게 지나가는 그의 한마디는 이렇다.

“작가님이 어디 가서 고추 꼭지 50근 따 주는 것보다 남편과 트러블(다툼)도 나고, 그럴 때 부드럽게 넘어가는, 그런 게 더 재미있어요.” 내 예상 밖 독후감이다. 그는 ‘작가가 잠 못 자면서 손이 닳도록, 누구 고추 50근 꼭지 따 주는 삶’보다 부부가 사소한 걸로 티격태격하는 게 더 재미있다고? …독자들은 자기와 동떨어진 삶보다는 자기도 참여할 수 있는 보통 삶 속에서 일어나는 균열, 그 균열을 작가가 어떻게 봉합해 가는가, 그 과정 보기를 좋아하는 것 같다.

“이제 문학은 있어야 할 무엇이 아니라 ‘있는 그대로의 현실’ 시시하지만 우리를 결국 지배하고야 마는 ‘집요한 일상’으로 한 걸음 전진하게 된다.”

내 원고 심부름하는 사람

나는 책 한 권을 낼 때, 작가 교정을 한 4번 본다. 그 원고를 우편으로 부치면 우송료가 4천 원이지만 언제나 남편이 들고 출판사로 간다. 우송료보다도 확실하게 전하기 위해서. 그러나 요즘은 '코로나19' 비상이다. 나는 지하철 타고 다니지 말고 집 앞에 있는 우편물 취급소에서 부치라고 강권하나 남편은 출판사로 직접 가겠단다. 사람마다 자기주장이 있기에 더 이상 말 않고… 그날따라 원고 봉투에 적는 수신인이 문제다. 전처럼 원고 봉투에 편집실장님, 팀장님 이름 쓰려고 하니, 남편은 '수신인 장○○ 실장님(참조 이○○ 팀장님)' 제대로 쓰라고 한다. 나는 "아이고 복잡해! '참조'가 앞으로 가나 뒤로 가나, 그게 그렇게 큰 문제예요?"

남편은 대답 안 한다. 86세 남편이 원고 갖다 주는데 고마워 않고 불평하고. 나는 우체국에 가서 우송 않고 지하철로 가는 남편이 못마땅해서. 사소한 의견 차이로 부부간에 냉기가 서린다. 곧 풀어야 한다. "모과차 한잔 들고 가세요." 모과차 마시는 남편 표정이 부드러워진다.

마티스의 안락의자와 기일혜의 소파

몇 년 전 전주에서, 김 사모 식탁보 사는 데 따라갔다가 우리 집 소파 덮개 만들려고 청색 이파리 무늬의 면 천을 구입했다. 값도 비싸지 않고 무늬나 색상이 좋아서, 소파 크기를 말해 주고 대강 만들어서 서울로 보내 달라고 했다.

그 천 커버로 소파를 싸고 보니 청아하다. 얼마 전 그 소파를 거실에서 내 글 쓰는 북향 방으로 옮겼다.

모네의 미루나무가 서 있는 청색 바탕의 그림 밑에 놓아 두니, 아름다운 한 공간이 생긴다. 단아하고도 청초하면서도 약간 서늘한 분위기가 미감과 안식을 준다.

어떤 분이 오셔서 북향 방의 이 소파를 자랑했더니,

"소파란 앉으라고 있는 거지요" 하면서 앉는다. 그때 내 마음이 아리다고나 할까. 미묘하게 저리다고나 할까. 그분은 소파의 실용성을 우선하니 당연하고, 유별난 내 감성이 문제다. 나도 실용성을 중시하지만 어떤 경우엔 미감이나 분위기를 더 중시한다.

세상살이에서 곤한 내 심신이 청색 소파를 보면, 파릇이 소생한다. 그 소파에는 앉지 않고 바라만 본다.

지치고 곤한 심신이 안식하려면 먼저 방에 불을 켜고 키 큰 세 그루의 미루나무 밑에서 그윽해진 소파를 바라본다.

맞은편 책장에 등을 대고, 발을 뻗고 앉아서 보고 있으면, '마티스의 안락의자'처럼 '기일혜의 소파'가 된다. 이해를 돕기 위해서 마티스에 대한 글을 옮긴다.

> "마티스는 왜 그토록 18세기 바로코 안락의자에 집착했을까? 그는 단지 물욕이나 기분 전환을 위해서 이것을 사 들인 게 아니었다… 이 충직한 물건(안락의자)에서 '지각(知覺)의 생기'를 얻고 '심오한 감정'과 느낌을 투사했다. 아라베스크 무늬와 이국적인 것의 매혹에 빠진 그에게 이 안락의자는 '필생의 역작'을 위해 반드시 필요했다. 마티스가 그린 1946년 작 「로카이유 장식의 안락의자」는 이렇게 탄생했다."

내 글 쓰는 방으로 옮겨 놓은 이 청색 소파를 바라보면서 나는, 어떤 '지각의 생기'를 얻고, 어떤 '심오한 감정'과 느낌을 투사할까….

평생 빛을 좇으며 그림을 그린 모네

"평생 빛을 좇으며 그림을 그렸던 모네는 예순 살 때쯤 백내장으로 시력을 조금씩 잃어 갔어요. 그는 지베르니에 정착한 후부터 세상을 떠날 때까지 자기 집 정원에 있는 수련만 250여 점 그렸는데요… 실제로 모네의 수련 연작은 시간이 갈수록 연못과 수련의 경계가 흐릿해지면서 마치 추상화처럼 변해 가는 걸 알 수 있는데, 앞이 보이지 않게 된 화가의 아픔을 어렴풋이 느낄 수 있습니다."

나도 요즘 시력이 부쩍 약해지면서 그때의 모네 아픔에 연민이 간다. 우리 집에는 모네가 시력을 거의 잃을 무렵에 그린 것 같은 「수련」 대작이 있다. 구입한 지 한 30여 년 지난 그림이지만 표구가 잘되어서 지금도 그대로다. 추상화에 가까운 그 수련을 보면서 나는 창세기의 혼돈, 공허, 흑암을 생각한다. 그 그림을 본 내 친구들도 다 같은 느낌이다.

'평생 빛을 좇으며 그림을 그렸던 모네'.

시력을 잃어가면서, 화가는 하나님이 세상을 창조하신

태초로, 근원으로 돌아간 것일까. 시력을 잃어가는 만년에 그는 그 빛을 만드신 빛의 근본을 찾아 헤맨 것일까. 찾은 것일까. … 그가 그린 대형 「수련」에서는 미켈란젤로의 「천지창조」의 장엄함보다 더 깊은 신비가 어른거린다.

"태초에 하나님이 천지를 창조하시니라

땅이 혼돈하고 공허하며 흑암이 깊음 위에 있고 하나님의 영은 수면 위에 운행하시니라

하나님이 이르시되 빛이 있으라 하시니 빛이 있었고

빛이 하나님이 보시기에 좋았더라 하나님이 빛과 어둠을 나누사

빛을 낮이라 부르시고 어둠을 밤이라 부르시니라 저녁이 되고 아침이 되니 이는 첫째 날이니라"(창세기 1장 1~5).

잘 주기보다 잘 받기가 어렵다

"작가님… 오늘 새벽에 바비 태풍 바람에 잠이 일찍 깨어 기도하고 말씀 읽다가 작가님 생각이 났습니다. 어제 기권사님(내 동생)과 통화하면서 안부를 물었는데 글을 쓰느라 바쁘시다는 말씀 듣고. 연세도 많으신데…(줄임)."

"깜박했네요. 새로 나온 책 보내 드릴게요. 댁 주소 문자로 꼭 보내 주세요. 저도 당신(독자)께 제 작품 드리는 기쁨을 주세요. 당신 작품 제가 많이 받았잖아요…."

"작가님 제가 직접 구입해서 보려고 마음먹었으니… 딸이 추석 전주(前週)까지 있다가 가요. 그래서 추석 지나고 구입할게요."

"다음엔 그리 하시고… 속히 주소 주세요… 당신은 지금의 내 맘을 추석 뒤, 한 달도 더 있다 받으시려고요? 그건 너무합니다."

"…오늘은 태풍 땜에 안 됩니다."

"태풍에도 우체국 안 쉽니다. 집에 책 많이 있으니까, 책 보내는 전담인 남편이 기쁨으로 합니다. 우리 집 바로 앞에

'우편물 취급소' 있음. 어서 주소 보내세요. 저 바빠요."

"인천시 남동구… 죄송합니다. 몇 번씩 말씀드리게 해서요."

아아아… 주는 것보다 받는 게 이렇게도 어렵구나.

사람들은 왜 잘 안 받으려고 할까?

하나님이 주시는 건데, 사람이 주는 걸로 알아서 그럴까? …아름다운 겸양지덕(謙讓之德)으로 그러실 것. 그러나 겸양지덕은 인간적인 것. 나는 인간적으로 안 드리고 주님 사랑의 기쁨으로 드리는데. 내가 너무 인지상정을 무시하고 하나님 쪽으로만 갔다면 이해해 주십시오.

쉬었다 쓰면 글이 더 잘 써질까요?

내가 근래에 책을 1년에 3권 내고 있다. 많이 내는 것 아니냐고 나를 걱정해 주는 분들이 있다. 그들이 내 독자들이니 경청한다. 경청하고 나면 내가 드리고 싶은 말이 왜 없겠는가. 오늘 아침 남편과 내가 주고받은 말이 이 모든 걱정에 대한 답이 되리라. 남편이 먼저 말한다.

"글도 쉬어 가면서 쓰지 그래."

"쉬었다 쓰면 글이 더 잘 써질까요? 아기를 쉬었다 낳으려고 몇 년, 한 10년 쉬었다 낳으면 잘 낳을까요? 뼈가 굳어져서 낳기 더 어렵지요. 못 낳을 수도 있고. 글도 쓰지 않고 있으면 나중엔 써지지도 않아요."

"당신 알아서 하라고." 이런 말도 주고받는다.

"그렇게 무리해서는 쓰지 말라고. 몸 생각을 해야지."

"무리 안 하고 어떻게 글을 써요. 하루 노동판에 가서 일을 해도 내 몸 생각하면서 적당히 하면 주인이 그만두라고 해요. 무리를 해야 뭐가 나오지요." 단편소설의 거장 체호프,

"그에게 글쓰기는 절박한 노동이었다."

사적(私的)인 얘기가 재미있다

올해 나이 80인 나. 100세 시대 나이로는, 지금 나이에 0.7 곱해야 한다니, 56세 한창 나이다. 그래도 육신의 연한이 다해 가서 그럴까, 올해 두 아들 생일(5월)에 문자 편지 보냈는데, 다분히 인간적이고 모성적인 글로 거의 같은 내용. 이 편지 받은 두 아들 반응은 다르다. 한 아들 답장은 계속 지금까지도 침묵이고, 다른 아들은 하루 내내 답이 없더니 그날 밤 11시경에 보냈다. 눈물이 나와서 그때야 쓴다고… 어느 중년 목사님 아내가 "강단에서 내 얘기 좀 그만해요!" 하니까, 남편 목사님의 대답. "설교에는 가족 얘기도 필요합니다. 교인들 위해서 목사는 가족의 안 좋은 얘기도 해야 합니다." 설교에서 예화를 들 때, 목사님 가족 얘기는 교인들을 집중시킨다. 내 독자 중, 내 남편 얘기가 가장 재미있다는 사람이 많다. 어느 시골 할머니는 남편이 집 전화 안 받으면, 어디 갔냐고 캐묻는다. 나도 공인. 적당한 가족 얘기는 내 글 이해하는 데 도움이 되지 않을까 한다.

아들은 남편과 달리 가족 얘기 쓰지 말라고 하지만.

엄마가 오래 살았구나

어젯밤 아들 전화다. "엄마 팔순인데 코로나로 모여서 저녁 먹을 수도 없고… 엄마가 책 좋아하시니까 책 내는 데 보태시라고…." "엄마가 오래 살았구나. 너희들이 엄마를 평안하게 해 줘서 오래 살았다…." 엄마가 오래 살았구나, 하고 생각하니 참 오래 살았다. 내 어린 시절을 잘 아는 동생이 언젠가 한 말이다. "…언니는 어려서 맨날(만날) 아프다고 '여기가 쑤신다, 저기가 쑤신다, 배가 아프다'고 했는데… 지금이 더 건강해." 그런 것도 같다. … 아침 하면서 남편을 보고 무심히 말한다. "내가 오늘 아침에 많이 울어서…."

남편이 즉시 묻는다. "내가 뭐 잘못해서 울었는가?…."

"아아니요. 오늘 아침(내 생일), 내가 지나온 삶을 생각해 보니, 아들들한테, 당신한테 잘못한 게 너무 많아서…."

사람이 죽을 때 슬픈 건 잘못한 게 많아서일까. '잘못한다'는 건 인간적이다. 슬픔이 인간적인 것처럼. 사람이 잘해서 천국 가는 것 아니다. 잘못해도 회개하고 예수님 사랑 믿고 간다. '믿음으로 가는 나라, 하나님 나라'.

엄마에게

31년 전의 빛바랜 생일 카드 한 장이 내게 있다.

두 아들의 이름으로 엄마인 내 생일에 보낸 축하 카드다. 그 안의 편지 글을 내 곁에 두고 가끔 읽는다.

"엄마에게… 생신을 진심으로 축하드려요. 항상 젊고 보람 있게 사시는 엄마의 모습을 보면서 저희들도 힘이 솟는답니다. 엄마의 생활, 그리고 마음가짐은 저희들에게 항상 등대와 같은 역할을 한답니다. 지금까지와 같이 앞으로도 멋진 삶을 가꾸어 나가실 줄로 믿어요. 저희들도 항상 함께 있을게요. 1989. ○○. ○○."

'엄마에게'가 '엄마께'라는 경어보다 자연스럽고 정답다.

엄마 나이 80에, 효도란 무엇일까? … '아들들(그의 가족들)이 예수님 믿고 구원받아 천국에서 엄마와 다시 만나는 것.'

이것이 참 효도다. 그들(그의 가족들)이 내게 주는 땅에서의 평안도, 애정도, 섬김도 다 소멸되고— 그들 생명이 영생 얻는 것만 남는다. 이 땅에서 엄마 속만 썩인 아들도 그 생명이 영생 얻으면 참으로 효도한 것이다.

사람 생일이 뭐 별거냐

내 팔순이라고, 그냥 지나갈 수 없다고 아들 집에서 저녁 먹는다고 하는데, 다른 며느리가 피치 못할 직장 일로 못 온다는 전화다. 내 대답이다. "사람 생일이 뭐 별거냐? 여럿이 함께하는 일(직장)이 더 중요하지. 네가 빠지면 일이 안 되는데… 이런 일로 전화 안 해도 된다(네 남편 통해 아니까).

나는 아무렇게 해도 좋은 시어머니야. 그렇잖으면 내가 하나님이 싫어하는 사람 되니까. 하나님 사랑 못 받으니까 그렇다 하하하… 넌 아직도 이 어머니를 모르냐. 너희들(며느리들)이 어째도 좋은 어머니야 나는. 너희들에게 무한 자유, 무한 사랑 주려는 어머니야…."

전화 끊고 생각한다. 내가 왜 며느리들에겐 무조건 무한정 사랑일까. 하나님 사랑으로도 그렇지만 그들에게 아들 잘 보살펴 달라는 부탁이겠지. 사랑은 감동에서만 우러나는 자발적인 것. 내 사랑에 감동해서라도 아들이 늙고 초라했을 때, 잘 보살펴 달라는 간구이겠지… 어머니 사랑은 이렇게 무모할 정도로 무한량이다. 세상 어머니는 다 그렇다.

힘든 인생이 쓴 편지

"작가님, 저는 작가님 책을 읽을 때마다 별세계 같아요. 왜냐면 세상이 험악하잖아요. 그런데 작가님은 맑게 해 주는 생명수 같아요. 한결같이 가난을 만들고 몸소 실천하시고 예수님처럼(?) 사시잖아요. 항상 작가님 이렇게 도우시는 김 선생님 너무너무 존경합니다. 선생님 인품은 정말 고매하셔요. 내복을 기우신다는 거 보고 깜짝 놀랐어요. 역시 작가님 부창부수, 맞는 표현일까요? 작가님 책을 읽으면서 힘든? 인생살이에 쉼과 평안 그리고 위안이 됩니다. …(줄임) 두 분 다 고맙습니다."

"내게도 힘 주시는 당신의 독후감… 잘 지내다 만나요. 힘들 때는 언제라도 전화 주시고."

이 독자 편지는 내 책에 가끔 낸다. 귀하게 여겨져서.

그의 '힘든 인생'이 쓰게 한 편지 속의 남편과 나. 사람 자랑 아니다. 예수님 자랑이다… 나에 대한 칭찬, 이젠 무감각해진다. 하나님 앞에서 그런 건 아무것도 아니기에.

나이가 80인 사람에게 칭찬은 부질없는 것.

80은 불혹(不惑)의 나이 40의 갑절인데, 이 나이에 내가 남의 칭찬에 흔들리겠는가. 무감각해진다.

그러나, '힘든 인생' 사시는 내 독자가 주신 칭찬, 내가 그대로 옮기는 건 조심스럽다. 그러나 옮기는 내 맘은 담담할 뿐이다. 내 글 도처에 내 자랑 같은 대목이 많다. 사실대로 써야 글을 살리기 때문이기도 하고, 그런 것에 대해 거의 초월하고 있기 때문이다. 자랑하지 말라는 성경 말씀을 믿는 내가, 내 자랑 같은 글을 쓰는 까닭은, 그런 칭찬받는 일, 내가 한 게 전적으로 아니라는 것, 예수님과 많은 친구들이 도와주셨기에, '주 안에서 자랑한 것'.

나는 사람의 칭찬이나 자랑에 연연하지 않은 나이 80이라는 설명, 길게도 썼다. 변명 아니다. 사실이다. 나는 지금 정직해야만 되는 나이다.

하나님 뵐 날이 멀지 않았으니까.

42번이나 산고를 치른 사람이

외출에서 돌아온 남편. 저녁은 밖에서 들었다고 하면서 세면실에 다녀와서 TV를 켠다. 「조광조」라는 옛날 드라마다. 왕비인지 후궁인지, 소복 입은 여인이 출산하면서 진통하는 장면이다. 어디에 매단 줄을 두 손으로 꽉 붙잡고 소리소리 지르고 있다. 나는 얼른 내 방으로 들어간다. 들어가면서 하는 말. "나는 저런 장면 못 봐요. 무서워요."

내 말을 남편이 의아스럽다는 듯 반문한다.

"아니, 책을 마흔두 권 내면서, 마흔두 번이나 산고(産苦)를 치른 사람이 애 낳는 장면을 못 본다니 말이 되는가?"

나는 아무런 대꾸 없이 내 방으로 간다. 방에 와서 생각한다… 남편은 내가 글을 쓸 때마다 내가 산고의 진통을 앓는다고 생각하고 있구나. 그 생각이 무의식에도 잠재해 있으니까, 저런 말이 금방 순간에 나오지. 순간의 표출이 적나라한 자기 속마음이라는데. 남편은 내 삶을 주목해서 보고 있구나. 그래서 일상의 내 많은 무리수(無理手)들을 참아주고 있고. 한순간에 들여다본 남편의 깊은 심중이다.

못된 아내 잘된 아내가 어디 있겠는가

어제저녁, 갑자기 어지럼증이 난다. 날마다 체력을 소진하고 사는 내겐 가끔 일어난다. 전에도 그랬다.

요즘은 그럴 때마다 자리에 주저앉으면서 내가 하는 말.

"여보 내가 '팬데믹' 하면 내게 또 어지럼증 일어났구나 하고 아무 말 말아요. 가만두어요."

"알았어. 그런데 왜 팬데믹이야."

"아 팬데믹이 아니라 패닉 상태라고 하던가. 아무렴 어때요, 내가 보내는 위기 신호니까. 팬데믹이 요새는 더 실감나니까 그냥 입에 붙은 대로 팬데믹 해요."

어제저녁도 부추오이김치 담그는데(열무는 너무 비싸서 못 사고), 종일 글 쓰다 담가서 그런지, 젓갈 양을 조절 못하고 많이 넣었다. 급히 짠 김치 국물 덜어 내고, 양파 세 개 씻어서 썰어 넣고… 이 과정(어지럼증이 약간씩 일어나고 있음)에서 나는 있는 짜증을 다 내고. 이 짜증은 나에 대한 자책성 짜증.

남편은 아무런 말도 않고 멀리서 바라만 보고… 그런 남편이 측은해서 저녁 식탁엔 계란에 우유 좀 넣어 계란찜 해서 올리고… 그리고 남편에게 즉석 사과한다.

"음식 잘하는, 김치 잘 담그는 여자 만났으면 당신도 이 고생 안 할 것인데, 못된 각시 만나 가지고 나한테 밥 얻어 먹기 참 힘들지요?"

내가 한탄조로 말하니, 남편은 이런 대답으로 나를 생각하게 만든다.

"못된 아내 잘된 아내가 어디 있겠는가.

부부가 서로 노력하면서 사는 거지."

내 거실 안에 있는 그림들

신새벽 3시나 4시에 일어나, 여름이라 거실 창문 열고 불을 밝힌다. 그리고 거실 전면과 후면에 있는 크고 작은 그림들을 차례로 보아 간다. 그림들이 사람을 생각나게 한다.

거실 전(前)면 오른쪽에 모네의 「양산을 든 여인」은 아름다운 두 따님을 둔 친구에게 선물하고, 보고 싶어서 다시 구입한 것. 그 옆에 대작 「수련」은 영국 내셔널 갤러리에서 직구, 직구 과정을 질녀 효정이가 도와줬다. 조금 떨어져 있는 대형 「수련」. 이사 다니다가 귀퉁이 유리가 조금 깨어진, 아들이 좋아하면서 결혼할 때 가지고 간다더니 안 가져갔다.

거실 후면 식탁 위로는 르누아르의 「바느질하는 여인」 맨 처음 산 그림. 한 40여 년 전 덕수궁 르누아르 전시회에서 500원 주고 산 팸플릿을 표구. 주방에서 일하다가 바라보면서 피곤을 푼다. 언제 보아도 내 마음을 감싸 준다.

그 옆에는 어머니가 좋아하신 「복숭아나무 꽃」 그 옆으로 후면 중앙에 자리 잡고 있는 대형 그림 둘. 하나는 천지창조를 생각하게 하는, 추상화에 가까운 모네의 「수련」, 하나는 냇물 흐르는 물가의 여름 풍경 그림. 구름까지 엷은 녹색이라 시원하게 아름답다. 이 그림을 친구가 좋아해서 주고 싶지만 너무 커서 망설이다가 못 주고… 다음은 좀 작은 고흐의 「아몬드 꽃」 고흐 말년에 조카 탄생을 축복해서 그린 작품. 그 옆에 있는 르누아르의 「긴 머리의 소녀」를 보고 있으면 내가 정숙 단아해지는, 몹시 아끼는 그림이다.

거실 후면 아래로는 샤갈의 '말(馬)과 새(鳥) 연인들이 있는 그림' 새 머리가 귀여워서 볼 때마다 쓰다듬는다. 그리고 서양화가 양순호 님(며느리의 언니)의 작품 「양귀비꽃」이 뜨겁게 말을 건넨다. '당신은 열정 가진 사람이라고.'

그 옆 르누아르의 뱃놀이 하는 풍경 그림은 아들이 미국인 회사에 취직해서 갈 때, 친구들에게 받은 그림. 그 옆에는 꽃들이 살아 움직이는 듯한 고흐의 꽃밭과, 소설가 친구 따님이 유럽 여행에서 구입해 준 그림(그림들 제목은 내가 지어 부른 것도 있어, 원제와 다를 수도 있음).

그 작은 그림들 앞으로 놓인 모네의 나지막한 꽃밭은 아침이면 내가 둘러보는 고향집 뒷마당 화단 같고. 그리고 청옥 님이 좋아한 장미꽃 숲에 둘러싸인 시인 「셸리의 집」 모네가 셸리의 신혼집을 그린 그림이라고. 그 옆에는 세잔의 조그만 과일 정물화. 이 그림들을 다 본 뒤, 나는 거실 창문을 닫고 불을 끄고, 거실 여행을 마친다.

이 거실 안 그림들 모으는 데 80년이 걸렸다.

80년 동안의 내 삶과 미의식이 담겨 있다.

이곳에서 아름다운 사람과 차를 마시면서 가장 고상한 (하나님을 아는 지식) 이야기를 나누고 싶다. 아 그리고 내가 지금 글 쓰고 있는 북향 방에는 우리 집 방문객들이 가장 많이 좋아하는, 모네 만년(晩年)에 간결하게 그렸다는 미루나무 세 그루가 서 있는 그림, 「개양귀비」「아르장퇴유의 세느강」(1872) 등이 있다. 그 외에 화가 친구 박 선생, 조 선생, 그리고 동생 친구 남편 송 화백이 주신 그림 등은 가려 두기로 한다.

세상에서 가장 애교가 많은 여자

이것은 10여 년 전(지금부터는 36년 전)에 있었던 이야기이다. 그때 우리 집 큰애가 중 3이었으니까. 큰애가 다니는 그 중학교에서는 졸업생 취업 지도의 하나로 전문직 학부모들을 초청해서 강의를 듣는 행사가 있었다. 나는 그때 어머니 소설가로서 초청되어, 내 등단 전후와 소설 작법에 대해서 강의한 적이 있었다.

그날, 강당에 모인 천 명 가까운 학생들이 너무 떠들어서, 나는 얘기를 못 하고 한동안 서 있다가 별안간 강대상(?)을 세게 내리치면서 악을 쓰듯이 소리를 질렀다고—. 이 얘기는 앞서 낸 수필집에서 자세히 얘기했지만 뒷이야기를 위해 참고삼아 그 한 대목만을 여기에 옮겨 본다면,

"…여러분! 여러분들 어머니가, 집에서 밥하고 빨래하는 어머니가 여기 서 있어도 이렇게 떠들겠어요! 여러분들이 계속 이렇게 떠든다면… 나는 이 단상에서 내려가 강당의 출입문을 잠그고 여러분을 한 사람 한 사람씩 다 두들겨 패서라도 내가 말하고자 하는 진실을 알린 후에야 내보낼 것

입니다.

여러분을 질책하기 위해서가 아닙니다. 내게 맡겨진 여러분의 수많은 소중한 시간들에 대한 나의 책임, 나의 최선을 다하고자 하기 때문입니다. 내가 괴롭고 지쳐 쓰러지더라도 여러분들의 나쁜 습관— 남의 얘기를 들을 줄 모르는 무례한 버릇을 고쳐 놓고야 말겠습니다. 여러분들은 내 아들의 친구들, 바로 내 아들이나 다름없기 때문입니다…."

그 뒤 그야말로 찬물을 끼얹어 버린 듯한 조용함 속에서 나는 혼신을 다해서 얘기를 마치곤 쓰러질 뻔했다.

그날 탈진 상태로 집에 돌아온 나는 큰애가 돌아오길 초조하게 기다리고 있었다. 큰애는 일부러라도 그러하듯이 아주 늦게야 돌아왔다.

"…애, 오늘 말이다. 내가 단상에서 내려올 힘이 없어서 못 내려오고 있을 때, 너희들이 막 박수를 치던데…."

"어머니, 그 박수는요 지루한 얘기가 끝났다고들 좋아서 친 박수예요."

큰애의 대답 속엔 어미의 행동에 대한 불만에서 나온 공격이 들어 있다.

"…그래에… 난 내 얘기 듣고 감동해서 막 박수를 쳐 줬구나 하고 좋아했는데."

큰애의 비정한 대답에 나는 푼수로 응대하면서도 내 가슴은 몹시 아렸다. 내가 그들에게 인정 못 받아서가 아니고,

그들이 내 진실을 몰라 준 것 같은 아픔에서였다.

"어머니 얘기가 끝나자, 애들이 우르르 몰려왔어요. 그렇게 무서운 어머니하고 어떻게 사느냐고…."

"그래에, 나같이 맘 약한 에미가 없는데…."

"어머니! 강사로 오셔 가지고… 강단에서 야단치는 사람이 어딨어요?"

"전엔 그런 사람 없었냐?"

"없었지요. 다른 어머니들도 두 분이나 하셨는데…."

"야, 그럼 그렇게 너희들 떠드는 속에서도 얘기를 계속 하셨단 말이냐?"

"그래요, 그래도 그분들은 아무 소리 안 하고 하셨는데 어머닌 뭐예요?"

"말 안 듣는 애들은 매로 때려야 해. 잠언 말씀(잠언 22:15)에도 아이 마음엔 미련이 엉켰으니 매로 풀라고 하셨어."

그렇게 말을 하고는 있었지만 내 마음은 비길 데 없이 허전하고 비애롭기까지 했다.

"…어머니, 내일 무역박람회에 간다고 도시락을 싸 오래요. 선생님 것도 싸야지요."

"그래, 반장이 선생님 도시락은 싸 가는 것이니까. 그런데 어떡허니? 지금 내 수중에 돈이 없는데…."

나는 잔돈을 털어서 김과 소시지 정도로 시장을 봐다 놓고는 착잡하고 부끄러운 심정으로 앉아 있었다.

밤 10시가 지나고 11시가 가까운 무렵 전화벨이 울렸다. 큰애 담임 선생님이었다.

"진이 어머니시죠? 일찍 전화를 드리려고 했는데, 갑자기 급한 일이 생겨서… 오늘 참으로 감사했습니다. 저희 교사들이 평소에 못 시킨 교육을 어머니께서 감동적으로 시켜 주셨습니다…."

나는 이런 선생님의 말씀을 듣고 난 후 어떻게나 가슴이 벅차오르는지 한동안 꼼짝도 못 하고 그 자리에 서 있었다. 조금이라도 움직이면 내 가슴판 어디가 터져 버릴 것 같았기에… 선생님 감사합니다… 그런데 어떡하면 좋지… 이렇게 고맙고 훌륭하신 선생님께 무얼 해 드릴까? … 도시락 하나라도 정성껏 싸 드리고 싶다. 그런데 소시지 김밥이라니… 쇠고기를 넣어야 한다. 그러나 내겐 지금 쇠고기 살 돈이 없다. 한 푼도 없다. 정말 한 푼도…. 어디 가서 돈을 빌릴 수는 없을까? 없다(그때 나는 이 복도식 아파트로 이사 온 지가 얼마 안 되었다). 오늘 밤엔 남편도 집에 없고(숙직), 이런 밤중에 누가 돈을 빌려 주겠는가. 막막하고 대책 없는 내 생활… 나는 비감이 섞인 신음 소리를 내면서 엎디어 오래 흐느끼었다.

"…엄마, 왜 그래? 또 돈이 없어서 그래?"

작은애가 엎드려 울고 있는 나를 흔들었다. 나는 쇠고기 살 돈이 없어서 운다고 했다. 그러자 작은앤 어디서 조그마

한 저금통을 들고 나왔다.

"엄마, 어린애같이 울고만 있으면 어떻게 해. 이것 봐요, 이건 5백 원짜리 새 은돈만 내가 모은 건데 이것이라도 꺼내 가지고 가서 어떻게 해 봐요. 엄마, 고기 가게 문 안 닫았을 거야."

작은애가 내 앞에서 예쁜 저금통을 뜯자, 새하얀 은빛 동전 6개가 떼구루루 쏟아졌다. 나는 그 은돈 6개를 손바닥에 꽉 움켜쥐면서 책상 위의 시계를 보았다. 밤 11시 50분이 지나고 있다. 욱이야 고맙다. 고마워…. 나는 눈을 번쩍이면서 정신없이 집 밖으로 달려나갔다.

"엄마, 조심하세요, 조심하세요."

나는 작은애의 걱정을 들으면서 있는 힘을 다해서 뛰어내려갔다. 얼마나 쾌속으로 아파트 구내를 빠져나갔는지, 마치 새장 안에 갇혀 있던 새 한 마리가 창공을 향하여 맘껏 날개 쳐 가듯 나는 훨훨 날아가고 있다.

어두운 골목길에는 오가는 행인도 드물었고, 길가의 가게들은 거의 다 불을 끄고 문을 닫아 버렸다. 찻길 부근에 고깃집이 둘 있는데, 한 집은 이미 문이 닫혀 있고, 다른 한 집엔 아직 불이 켜져 있다. 나는 그 집으로 뛰어들어 가자마자 숨을 헐떡이면서 말했다.

"아저씨, 쇠고기 한 근 값이 얼마예요? 난 잘 모르거든요. 고기를 통 안 사 먹어서…."

"7천 원입니다."

"그럼 이건 반 근 값도 안 되는데, 3천 원어치도 팝니까?"

"팔지요." "그럼 아저씨 이 돈만큼만 주세요. 죄송해요."

나는 꼭 쥐고 있던 은돈 6개를 손바닥에서 펴 보였다.

그리고 얼마 전 작은애한테서 받은 감동으로 젖어 있는 눈을 반짝이면서 말했다.

"아저씨, 저는 정말로 이 돈도 없었어요. 아주 한 푼도 없었답니다. 그런데 내일 우리 큰애 선생님 도시락을 싸야 해요. 소풍은 아니고 박람회에 간대요. 아주 고맙고 훌륭하신 선생님인데, 어떻게 쇠고기도 안 넣고 김밥을 싸겠어요. 그런데 난 한 푼도 없었다니까요… 내가 울고 있으니까, 작은애가 이 은돈을 주었어요. 우리 작은애가 아끼고 아끼는 예쁜 저금통을 깨 버렸어요. 얼마나 아끼던 것이었는데… 엄마가 울고 있으니까… 아저씨, 그러니까 좋은 걸로 잘 주셔요. 우리 큰애 선생님 도시락 싸 드릴 것이니까요."

내 눈에 금방 눈물이 흥건히 고였다. 그때 고깃간 한쪽 구석에서 내 모습을 유심히 지켜보고 있던 한 남자가 있었다. 그는 내가 고깃간에 들어와서 하는 얘기도 다 들었고, 얘기할 때의 목소리며 표정, 몸짓까지도 다 보고 있었다. 그러고 나서 그는 도저히 말을 하지 않을 수 없다는 듯이, 어떤 단호한 확신감을 가지고 큰소리로 또박또박 말했다.

"아주머니같이 세상에서 애교가 많은 여자는 첨 봤어요!"

나는 몽롱한 꿈에서라도 깨어난 듯 눈을 깜박이면서 소리 나는 쪽으로 고개를 돌렸다. 넓고 삭막한 고깃간 한구석에 낡은 소파가 있고, 거기에 나이를 알아보기 힘든 한 남자가 앉아 있었다. 자신의 어떤 감동에만 빠져, 외계(外界)를 거의 못 느끼고 있던 내게 그 남자는 어디서 홀연히 나타난 듯했고, 그의 입에서 흘러나온 얘기도 내게는 아스라하게 들렸다.

"예…? 내가 애교가 많다구요?"

"예, 그래요. 나 원, 지금까지 살아왔지만 당신처럼 애교가 많은 여자는 아직껏 본 적이 없어요!"

"어머나! …그래요?"

나는 참으로 어이가 없었다. 내 이 처절한 마음의 표현을 가벼운 애교로나 봐 버리다니… 나는 약간 억울해서 동조라도 구하듯 고깃간 아저씨를 쳐다보았다. 아저씨는 내게 눈길도 주지 않고 손잡이가 달린 칼로 고기를 잘게 잘게 썰고 있었다.

"아저씨, 힘드실 텐데, 기계로 갈아 버리지 그러세요?"

"고기가 너무 적어서 한 점이라도 기계에 묻으면 안 되니까요."

나는 또 눈물 어린 목소리로,

"아저씨, 고맙습니다."

"아주머니 모습을 보니 칼질도 힘들지 않아요. 오히려

힘이 납니다. 요즘 세상에 원 아주머니 같은 분도 있구나 해서… 돈이 썩어지게 많아서 흥청망청 쓰고도 남는 사람들이 수두룩한데….”

얼마 후 다지듯이 곱게 썰어진 쇠고기를 받아들고 나는 차가운 밤공기 속으로 나왔다. 그리고 한동안 싸늘한 대기를 시원스럽게 마시면서 그 자리에 서 있었다. 모든 것이 꿈만 같았다. 그 꿈만 같은 마음속으로 또렷이 들려오는 소리가 있다. 얼마 전 고깃간 구석에 앉았던 남자가 내게 들려주던 말이다. ‘…당신처럼 애교가 많은 여자는 아직껏 본 적이 없어요! ….’

그때는 애매모호하게 느껴지던 말들이 점점 분명해져 갔다. 그래, 어쩌면 그 남자의 말이 맞는지도 모른다. 나는 이 세상에서 가장 애교가 많은 여자— 내게 있어서 애교란 하나의 가벼운 몸짓이나 눈짓이 아니다. 내 마음을 다해, 내 전부를 다해, 그 순간 상대방에게 드리는 눈물 어린 내 진실인 것이다.

나는 깊고 조용한 밤하늘을 향해서 싱긋 미소를 지었다. 하나님 아버지, 오늘 밤의 제 애교를 보셨나요? …나는 내내 미소를 흘리면서 집으로 가고 있었다. 이 세상의 모든 인간들에게라도 보낼 것 같은 무한량한 미소를, 눈물 어린 미소를 머금고 가고 있었다.

그날, 백만 원어치 가난을 만든 할머니

추석을 며칠 앞둔 어느 날, 할머니 독자가 찾아왔다. 머리가 온통 하얀 할머니는 봉투 하나를 내게 준다. "…우리 임대 아파트는 몇 년에 한 번 정부에 임대료를 내는데, 그걸 내려면 몇 년을 모아야 해요. 이번에는 코로나로 깎아줘서, 돈이 생겼어요… 꼭 필요한 사람에게 주세요. 백만 원이어요." "이렇게 큰돈을! … 요즘 내가 울먹이면서 하나님 앞에 기도하는 친구가 있어요. 그 친구에게 드릴게요." … 임대 아파트에서 홀로 어렵게 사시는 할머니는 '그날, 백만 원어치 가난을 만들었다.' 할머니의 가난은 이웃의 가난을 돌보게 하는 깊은 아름다움이다.

"기도는 인간성의 자라남."

가난한 할머니가 만든 '그날, 백만 원어치 가난'은 그의 기도요, 그의 인간성의 자라남이다.

내가 만드는 가난도 내 기도요, 내 인간성의 자라남이다.

기일혜 수필집 43
세상에서 가장 애교가 많은 여자

초판 발행 | 2020년 12월 10일

지은이 | 기일혜
발행인 | 임만호
발행처 | 도서출판 **크리스챤서적**
주　소 | 서울 강남구 선릉로112길 36 창조빌딩 3F(우:06097)
등　록 | 제10-22호(1979. 9. 13)
전　화 | 02) 544-3468~9
F A X | 02) 511-3920
e-mail | holybooks@naver.com

책임편집 | 장민혜
디자인 | 이선애
제　작 | 임성암
관　리 | 양영주

Printed in Korea
ISBN 978-89-478-0366-3 03230

정가 4,000원

※ 잘못된 책은 바꾸어 드립니다.